Marketing-Management

Stratégie marketing, Communication et marketing, Plan marketing, Marketing mix expliquées simplement

Max Mittelstaedt

Scientific Economics

Copyright © 2019 Max Mittelstaedt
Tous droits réservés.
ISBN : 9798634501932
Publication indépendante

Max Mittelstaedt
Friedrichstraße 112b
38855 Wernigerode
www.scientific-economics.com
info@scientific-economics.com

Index des illustrations

Figure 1 : L'objectif du marketing

Figure 2 : Le marketing mix

Figure 3 : Les orientations du marketing

Figure 4 : La position marketing dans l'entreprise

Figure 5 : L'orientation fonctionnelle

Figure 6 : L'orientation de l'objet

Figure 7 : Comment la demande se manifeste-t-elle ?

Figure 8 : La classification des biens

Figure 9 : Le plan de marketing

Figure 10 : La pyramide de marketing

Figure 11 : L'analyse SWOT

Figure 12 : Les stratégies SWOT

Figure 13 : L'environnement externe des entreprises

Figure 14 : Le modèle des cinq forces

Figure 15 : Le cycle de vie des produits

Figure 16 : La matrice BCG

Figure 17 : La matrice à 9 champs

Figure 18 : La formulation de la mission

Figure 19 : La distribution des cibles

Figure 20 : La stratégie de terrain du marché

Figure 21 : Le processus d'innovation des produits

Figure 22 : La stratégie de positionnement

Figure 23 : Exemples de segmentation

Figure 24 : Vue d'ensemble de la segmentation et du ciblage

Figure 25 : Les marques les plus précieuses

Figure 26 : Comparaison entre Pepsi et Coca-Cola

Figure 27 : Fonctions des marques

Figure 28 : Surcharge d'informations

Figure 29 : Segmentation par préférence de marque

Figure 30 : Une véritable fidélité à la marque

Figure 31 : Le processus de la marque

Figure 32 : Le volant de la marque

Figure 33 : Traits de personnalité, exemple

Figure 34 : Le système de motifs

Figure 35 : Utilisation du noir pour les produits haut de gamme

Figure 36 : Relations dans le volant de la marque

Figure 37 : Le modèle de positionnement

Figure 38 : Les systèmes de marque

Figure 39 : La marque unique

Figure 40 : La marque familiale

Figure 41 : La marque ombrelle

Figure 42 : La marque ombrelle, exemple pratique

Figure 43 : Les stratégies de marque

Figure 44 : Stratégie multimarques

Figure 45 : Positionnement précis

Figure 46 : Subdivision des logos de marque

Figure 47 : Propriétés des marques

Figure 48 : Critères d'association - Partie 1

Figure 49 : Critères d'association - Partie 2

Figure 50 : Exemple pratique de communication de marque

Figure 51 : Système de marque

Figure 52 : Le bénéfice total d'un produit

Figure 53 : Aperçu de la politique des produits

Figure 54 : Détermination des prix sur le marché

Figure 55 : Stratégies de tarification

Figure 56 : Différenciation des prix

Figure 57 : Tarification des produits existants

Figure 58 : Aperçu des zones de distribution

Figure 59 : Comparaison des formes de distribution

Figure 60 : La distribution physique

Figure 61 : Orientation des mesures de communication

Figure 62 : Orientation des mesures de communication

Figure 63 : Mesures « Above-the-line »

Figure 64 : Mesures « Below-the-line »

Figure 65 : Pertinence de la presse écrite

Figure 66 : Tâches de contrôle du marketing

Table des matières

AVANT-PROPOS DE L'AUTEUR	11
L'OBJECTIF DU MARKETING	13
LE MARKETING MIX – INTRODUCTION	15
LES ORIENTATIONS DU MARKETING	17
LE MARKETING DANS L'ENTREPRISE	19
L'organisation du marketing	20
DE LA NECESSITE A LA DEMANDE	24
DEFINIR LE MARCHE CORRECTEMENT	25
COMMENT DISTINGUER LES PRODUITS ?	27
LES PARTICULARITES DES ZONES DU MARKETING	29
1. Le marketing des biens de consommation	29
2. Le marketing des biens d'équipement	30
3. Le marketing commercial	31
4. Le marketing des services	32
5. Le marketing à but non lucratif	33
LE MARKETING B2B	35
Le comité d'achat (Buying Center)	36

Facteurs influençant le processus de décision d'achat	38
Les phases du processus de décision d'achat	39

LE PLAN DE MARKETING — 41

LA PHASE D'ANALYSE — 43

L'analyse SWOT	44
L'environnement externe des entreprises	46
Le modèle des cinq forces	48
Le cycle de vie des produits	49
La matrice BCG	51
La matrice de portefeuille à 9 domaines	53

LA PHASE DE PLANIFICATION — 55

LES STRATEGIES DE MARKETING — 57

La stratégie du champ de marché : matrice produit-marché	57
L'innovation de produit	61
La stratégie de positionnement	68
La stratégie de partage du marché : segmentation et ciblage	74
La stratégie compétitive axée sur la concurrence	79

LES PRINCIPES DE LA GESTION DES MARQUES — 82

LES FONCTIONS DES MARQUES — 84

CONDITIONS GENERALES DE GESTION DE MARQUE — 88

LES NOTIONS DE BASE DE LA GESTION DE MARQUE 94

Aspects économiques de la gestion des marque 97

LE PROCESSUS DE MARQUE 99

L'IDENTITE DE MARQUE 101

Le volant de la marque 102
Le système de motifs 107

LA PHASE DE MISE EN ŒUVRE DE LA POLITIQUE DES MARQUES 112

LE POSITIONNEMENT DE LA MARQUE 113

LES SYSTEMES DE MARQUES 118

La marque unique 119

La marque familiale 122

La marque ombrelle 125

LES STRATEGIES DE MARQUE 128

LE MARQUAGE DE MARQUE 135

L'IMAGE DE MARQUE 139

LA CONNAISSANCE DE MARQUE 144

RESUME DE LA GESTION DE MARQUE 147

LE MARKETING MIX 148

La politique de produits 148

La conception du programme/de l'assortiment ... 150
La conception du produit ... 152

La politique de prix ... **156**
Stratégies de tarification pour les nouveaux produits ... 158
Discrimination par les prix ... 159
Stratégies de tarification pour les produits existants ... 162
La politique des conditions ... 165

La politique de distribution ... **168**
La distribution basée sur l'acquisition ... 171
La distribution physique ... 174

La politique de communication ... **177**
Les orientations de la communication ... 178
Mesures « Above-the-Line » ... 181
Mesures « Below-the-Line » ... 183

LA PHASE DE CONTROLE ... 188

LES BASE DU MARKETING : RESUME ... 191

BIBLIOGRAPHIE ... 193

À PROPOS DE L'AUTEUR ... 200

VUE D'ENSEMBLE ... 201

Avant-propos de l'auteur

Beaucoup de gens associent généralement le marketing à la publicité. Mais le marketing implique bien plus que la simple publicité. Une fois que le marketing est correctement mis en œuvre dans une entreprise, il sert de modèle à celle-ci. Le plan de marketing comprend tous les sujets de marketing pertinents : la phase d'analyse, de planification, de mise en œuvre et de contrôle. Toutes les phases du marketing sont traitées en détail afin que vous puissiez facilement entrer dans les bases du marketing. Si le marketing est mis en œuvre correctement, il représente plus qu'un facteur de coût pour l'entreprise. Il peut conduire à un retour sur investissement positif grâce à des économies d'échelle, des recommandations, des évaluations positives de produits, et bien plus encore. Le marketing peut ainsi augmenter le retour sur investissement à long terme de l'entreprise.

Quel est l'objectif du marketing ? Quels sont les thèmes abordés dans le plan de marketing et comment le mix marketing peut-il être mis en œuvre ?

La gestion de la marque est un sujet indépendant qui a une grande influence sur le succès d'une entreprise. Dans la politique des marques, il y a tout un processus de marque qui repose sur le plan de marketing. Le processus de marque comprend l'identité de la marque, la phase de mise en œuvre et l'image de marque. Si le processus est mis en œuvre avec succès, des marques fortes sont créées.

Les marques fortes sont une situation gagnante pour les clients et l'entreprise car chaque client fait des associations d'images positives et de représentations de marques fortes.

Les caractéristiques positives que le client associe à une marque le conduit finalement à créer un lien avec une entreprise et ses produits.

Comment construire une image de marque positive auprès du client ? Comment les stratégies de marque peuvent-elles être mises en œuvre avec succès ? Comment cette fidélité se développe-t-elle en général ? Quels sont les concepts de base importants dans la théorie des marques ? Quelle est l'identité de la marque ?

Amusez-vous bien en lisant ce livre et bonne chance pour la mise en œuvre !

M. Mittelstaedt

Wernigerode, 14.11.2019

L'objectif du marketing

Quand on demande à des personnes ce qu'elles associent au marketing, la réponse est généralement à la publicité classique, dans le pire des cas, à la publicité. Mais le marketing va bien au-delà. La publicité n'est qu'une petite fraction et fait partie du mix marketing : c'est, en termes simples, l'outil de tout marketeur, dont il est question dans ce livre. De nombreux clients voient le résultat final du marketing dans la vie quotidienne : publicités télévisées, bannières publicitaires ou marketing dans les médias sociaux. Derrière cela se cache un long processus dans lequel les tactiques opérationnelles sont adaptées à la stratégie à long terme et où le marché est analysé au préalable et les mesures de marketing contrôlées.

Il y a une tâche fondamentale au marketing qui apparaît encore et encore dans ce livre : il s'agit de créer de la valeur et réduire la douleur. Cette tâche est d'une grande importance dans l'orientation client et dépend donc de l'orientation marketing.

$$valeur = \frac{\uparrow avantages}{douleur \downarrow}$$

Figure 1 : L'objectif du marketing, illustration personnelle

La question connexe est la suivante : quand une personne achète-t-elle un produit ?

Elle achète lorsque les avantages du produit ou du service dépassent la douleur qu'elle ressent parce qu'elle doit payer pour le produit (Kotler, Armstrong, Saunders et Wong, 2007).

Si le client pense que le produit vaut plus que le prix qu'il doit payer, il effectuera l'achat. L'objectif du marketing est d'intervenir dans cette formule de valeur en commercialisant une valeur accrue pour le client.

Exemple : L'exemple donné se passe dans le désert. Une personne marche pendant des jours dans le sable chaud et son eau potable s'épuise. Alors la valeur d'une petite quantité d'eau augmente énormément pour elle. Bien que son eau potable ici, en Allemagne, ne vaille que quelques centimes, elle est inestimable pour elle dans ce désert. En effet, la demande en eau potable en Allemagne peut être honorée à tout moment, alors que dans le désert, il n'existe pas de moyen aisé de s'en procurer.

On peut donc conclure que la valeur d'un produit dépend de nombreuses variables, comme par exemple l'urgence du besoin, et qu'il est difficile de déterminer une valeur objective. L'art pour le commercialisateur est maintenant d'augmenter la valeur subjective de son produit.

Le bénéfice peut être augmenté, entre autres, par des politiques de produits et de communication et la douleur peut être réduite, entre autres, par des politiques de distribution ou de prix.

Dans le meilleur des cas, le client voit un produit qu'il veut absolument avoir (politique de produit et de communication) à un prix équitable (politique de prix) et il peut payer et obtenir le produit facilement et rapidement (politique de distribution).

Résumé : En somme, l'objectif du marketing est de maximiser la valeur du produit ou du service en augmentant le bénéfice perçu par le client et en réduisant la douleur. De nombreux processus et sujets visent toujours à augmenter la valeur de la transaction pour le client.

Le marketing mix – Introduction

La vue d'ensemble sur le marketing qui fait défaut dans tous les manuels est celle des 4 P (McCarthy, 1960). Les 4 P décrivent le marketing mix et sont les mesures qui permettent de s'adapter à la formule de valeur décrite. En anglais, le marketing mix consiste en : Produit, Prix, Promotion et Placement. L'équivalent allemand comprend : la politique des produits, la politique des prix, la politique de communication et la politique de distribution. Ces termes vous aideront à comprendre approximativement ce qui se passe sur le plan opérationnel en matière de marketing. Il est utile que vous convertissiez ces noms en activités concrètes : vous créez, échangez, communiquez et livrez par le biais du marketing. Le marketing est très pratique et vous devez le mettre en œuvre pour réussir.

L'activité de marketing est la clé du succès.

Grâce aux 4 C du marketing (Shimizu, 1989), on obtient déjà un très bon aperçu de l'essentiel du marketing : besoins des consommateurs, coût, communication et commodité.

prix & coût	produit & besoins des clients
lieu & commodité	promotion & communication

Figure 2 : Le marketing mix / les mesures de marketing, illustration personnelle

Conseil : En réduisant le prix d'un produit, vous pouvez intervenir directement dans la formule de valeur et réduire la douleur. Par exemple, le prix du produit peut être réduit en économisant des coûts.

On peut également rendre le prix plus attractif de manière subjective grâce à la psychologie des prix. Si vous connaissez les besoins du client, vous pouvez adapter l'offre de manière optimale adaptée au client et ainsi augmenter le bénéfice.

Amazon livre ses produits en quelques jours. On trouve des supermarchés allemands dans tous les quartiers résidentiels.

Il est donc très facile pour le client de consommer un produit : il doit consacrer peu de temps et d'efforts pour obtenir le produit. La douleur est réduite. Les médias sociaux permettent une accessibilité sans limite. Sur internet, vous pouvez faire de la publicité et annoncer des services partout. Si la communication avec les clients est adaptée, l'avantage pour le client est accru.

Les orientations du marketing

Si vous essayez de regrouper toutes les activités de marketing « sous un même toit », vous risquez de vous heurter rapidement à des difficultés. Certaines mesures sont également en concurrence directe les unes avec les autres, par exemple la rapidité de livraison et les économies de coûts. Pour ces cas, il existe des orientations en matière de marketing (Kotler & et al., 2007). Une entreprise détermine les points sur lesquels elle veut se concentrer et met ainsi certaines activités de marketing au premier plan.

Orientation vers le marché		Orientation vers la production

Orientation du produit		Orientation des ventes

Figure 3 : Les orientations/alignements marketing, illustration personnelle

Les orientations en matière de marketing ne sont que brièvement décrites ci-dessous, car elles sont assez explicites : (Scharf, Schubert, & Hehn, 2012)

- Orientation vers le marché : orientation actuelle et généralisée qui se concentre sur le client. Ses besoins sont prioritaires et nous essayons d'y répondre de manière complète ;
- Orientation vers la production : grâce à l'amélioration de l'entreposage et de la logistique, le client devrait recevoir ses produits rapidement et à moindre coût. L'objectif est de simplifier au maximum la consommation des produits pour le client. Les coûts doivent être réduit grâce à une production élevée (économies d'échelle) ;
- Orientation du produit : nous essayons de proposer le meilleur produit avec la meilleure qualité. En outre, l'innovation de produit est utilisée pour mettre de nouveaux produits sur le marché ;
- Orientation des ventes : la distribution est encouragée, l'acquisition de clients devient une priorité. Les produits font l'objet d'une publicité agressive.

Il existe de nombreuses autres orientations en matière de marketing. Quelle que soit l'orientation choisie, il est important de se mettre d'accord sur certains objectifs et d'essayer de se concentrer sur ceux-ci. Si l'on se concentre sur la clientèle, on pourrait former différents groupes de clients, à l'aide desquels on oriente les activités de marketing.

De cette façon, vous pouvez soit gagner de nouveaux clients, conserver les clients existants ou reconquérir les clients perdus (Grunwald & Schwill, 2019). Chacun de ces groupes de clients nécessite des activités de marketing différentes. Les mesures de commercialisation sont donc adaptées à l'orientation du marketing.

Résumé : L'orientation marketing offre la possibilité d'aligner les décisions de base en matière de marketing sur différents facteurs d'influence et d'activités. Le client, le produit ou une autre orientation sont-ils au premier plan pour l'entreprise ? D'autres subdivisions sont-elles désormais possibles (par exemple en groupes de clients) ?

Le marketing dans l'entreprise

Où le marketing est-il réellement situé dans l'entreprise et quelle est sa position ?

Comme le marketing n'est pas seulement responsable des mesures concrètes mais aussi de la stratégie de l'entreprise, les décisions de marketing influencent l'ensemble de l'entreprise. Les orientations en matière de marketing montrent que le marketing est une vision holistique de l'entreprise : (Scharf, Schubert, & Hehn, 2012)

Une orientation commerciale ne fonctionne qu'en liaison avec le service commercial. Une orientation des prix ne fonctionne qu'en coopération avec le département des finances.

Tous les services qui sont en contact avec les clients de l'entreprise sont déterminants pour l'orientation client. De nombreux employés transmettent les valeurs de l'entreprise au monde extérieur et sont peut-être la première impression pour les clients. Le département des ressources humaines et le marketing interne joueraient donc un rôle important à cet égard.

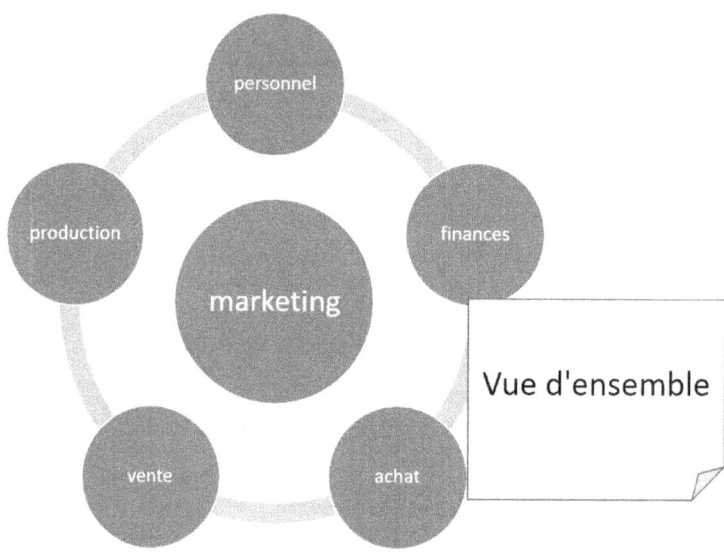

Figure 4 : La position marketing dans l'entreprise, illustration personnelle

L'organisation du marketing

L'organisation du marketing est basée sur une vision globale. L'organisation du marketing répond à la question suivante : quelles décisions axées sur les structures et les processus peuvent être prises pour mettre en œuvre le marketing en tant que service de l'entreprise ?

Il existe deux types d'organisation et de processus : (Scharf & et al., 2012)

1. La structure organisationnelle : elle concerne la mise en œuvre des tâches de marketing dans l'entreprise. Des instructions claires sont nécessaires à cet effet : quel poste doit prendre en charge quelles tâches spécifiques (répartition des tâches) ? Qui est responsable de quels objectifs et activités de marketing ?
La structure organisationnelle est divisée en une organisation orientée vers les fonctions ou vers les objets.

On trouve :

<u>Orientation fonctionnelle :</u> Ici, la spécialisation se fait dans les sous-domaines. Il existe un service commercial, un service marketing, un service de contrôle, un service d'études de marché, etc. Ces services sont responsables de tous les produits et marques (Scharf & et al., 2012).

L'orientation fonctionnelle est plus spécialisée dans les départements. Des effets de synergie positive peuvent être créés en faisant en sorte que les services s'occupent de tous les produits, marques, etc. Chaque département est spécialisé dans une tâche et s'occupe pourtant de toute la gamme de produits. Il existe donc des domaines de responsabilité clairs.

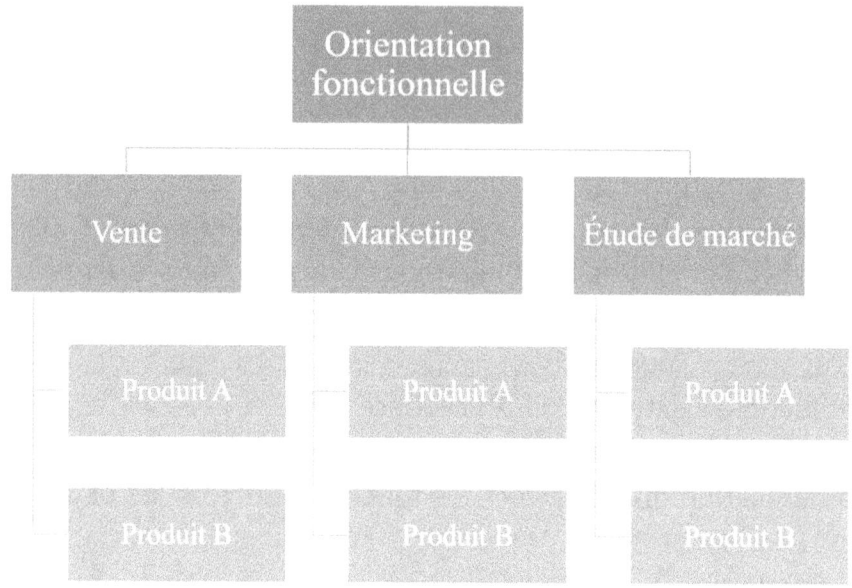

Figure 5 : L'orientation fonctionnelle,
illustration personnelle

Orientation objet : Les départements restent inchangés par rapport à l'orientation fonctionnelle. Mais cette fois, il y a un département distinct pour chaque objet, par exemple un produit ou un groupe de clients. Cette division par objet peut également être effectuée en fonction des segments, des assortiments, des groupes de clients, etc. Cette répartition dépend, entre autres, de l'orientation marketing choisie.

L'orientation objet peut réagir plus rapidement et de façon plus souple aux changements du marché. Comme les départements sont spécialisés dans les différents segments, marques, produits, etc., ils connaissent toutes les particularités des objets (Scharf & et al., 2012).

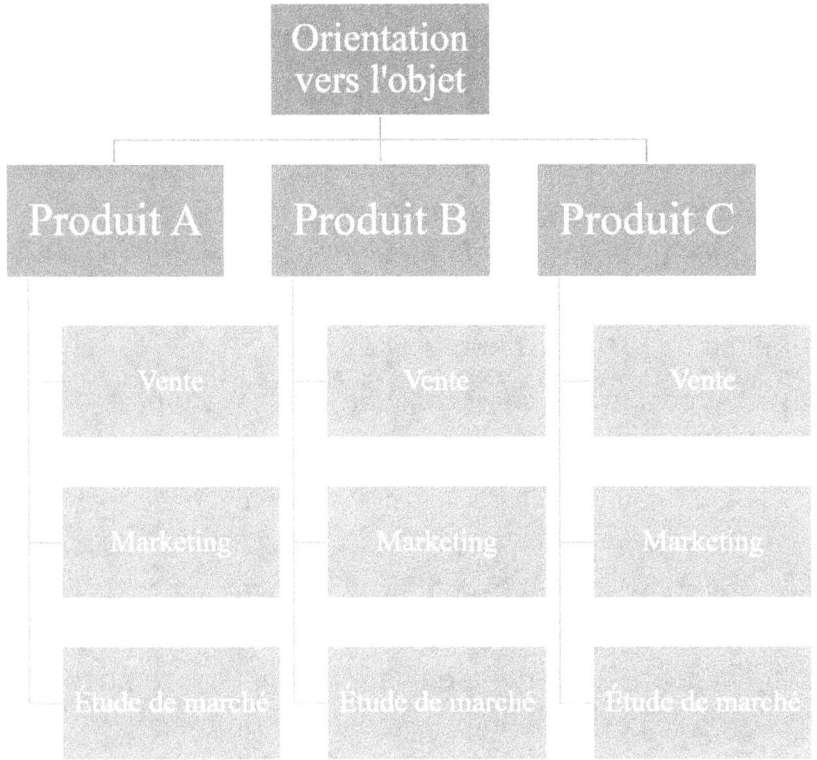

Figure 6 : L'orientation objet, illustration personnelle

2.) L'organisation des processus : cette organisation s'occupe de la conception du marketing et de tous les sujets connexes (= processus de travail et d'information) entre et au sein des départements ainsi qu'à l'extérieur, par exemple les clients. Ces processus peuvent être, par exemple, le contenu du travail, le temps de travail, l'horaire de travail, etc.

Comme son nom l'indique, la structure organisationnelle porte sur le développement d'un département marketing et l'organisation du déroulement des opérations.

De la nécessité à la demande

Pour comprendre le marketing, il faut bien sûr aussi comprendre les termes les plus importants de l'économie de marché. Le marketing tente de satisfaire les besoins du client mais qu'est-ce qu'un besoin ? Les besoins des clients jouent un rôle important, en particulier dans l'orientation du marché : (Scharf & et al., 2012)

- Un besoin est une sensation de carence et le désir de l'éliminer, comme par exemple la faim ;
- Si l'on a la possibilité de payer ce besoin avec de l'argent, il se fait ressentir. Il s'agit de la combinaison du besoin et du pouvoir d'achat, comme par exemple l'argent et la faim. Outre le pouvoir d'achat, il faut bien sûr avoir le temps et la possibilité d'éliminer la sensation de manque ;
- L'achat du produit (action active) pour satisfaire le besoin est en fin de compte la demande.

Figure 7 : Comment la demande se présente-t-elle ?
illustration personnelle

Cette connaissance permet de commencer à susciter une demande et d'essayer de trouver certaines sensations de carence et de les utiliser. L'orientation client consiste à trouver ces besoins à temps.

Définir le marché correctement

La demande des clients est efficace sur le marché, il est donc important de comprendre sur quel marché vous êtes. La différenciation permet de définir plus précisément la concurrence et le groupe cible. Le marché peut être défini en termes de temps, d'espace et de produit (Scharf & et al., 2012). La délimitation spatiale et temporelle peut être expliquée de manière assez intuitive. En effet, il existe des marchés régionaux, nationaux et internationaux ainsi que des marchés liés à des périodes spécifiques, comme par exemple les saisons.

La troisième classification est très intéressante et importante à prendre en considération. Dans la classification des marchés de produits, il est possible de définir le marché en fonction de l'avantage fondamental de l'offre (= concept de marché de produits). Cette fonction de base est une sorte de "ticket d'entrée" pour devenir actif dans l'économie. Toutefois, il est également possible d'adopter une vision un peu plus large. Si, outre la fonction de base, d'autres avantages supplémentaires du produit sont également pris en compte, le concept de marché de la demande émerge (Scharf & et al., 2012).

Exemple : On sait qu'une voiture emmène son conducteur d'un point A vers un point B. Elle est utilisée comme un moyen de transport que vous pouvez conduire vous-même. Cette seule considération de la fonction de base serait le concept de marché de produits. Toutefois, ce point de vue peut conduire à de mauvaises décisions dans la recherche du groupe cible et de la concurrence : une fonction de transport peut être assurée de plusieurs façons.

Dans le concept de marché de produits, la concurrence se limite aux autres constructeurs automobiles et le groupe cible est constitué de tous les automobilistes.

Avec le concept d'exigence, la considération va maintenant un peu plus loin. Il examine toutes les fonctions utilitaires et les besoins qui sont servis. Il s'agit, plus généralement, d'un transport confortable et rapide. Soudain, ce ne sont plus seulement les autres constructeurs automobiles qui sont en concurrence mais aussi d'autres prestataires de services de transport, comme les transports publics ou les avions. Selon la façon dont vous définissez objectivement le marché, vous avez une vision complètement différente des opportunités ou des risques possibles. La concurrence et le groupe cible peuvent changer considérablement en fonction de la répartition du marché.

Comment distinguer les produits ?

Lors de la classification des marchandises, il est également important de savoir dans quel secteur de produits vous vous situez afin de pouvoir par la suite orienter votre stratégie et vos tactiques de marketing sur ces bases. Les produits peuvent être divisés en coûts d'acquisition, utilisation prévue et état de préparation à l'utilisation (Scharf & et al., 2012).

La répartition des coûts d'acquisition (Copeland, 1923) est présentée en :

- Biens de commodité : ils sont régulièrement achetés par le client. L'acheteur a une bonne connaissance du produit. Les biens sont faciles et peu coûteux à se procurer, comme par exemple de la nourriture ;
- Achats de marchandises : ils sont plus complexes à se procurer pour le client. Le client compare les prix et se procure des informations sur les produits avant de les acheter, comme par exemple des vêtements ;
- Biens spéciaux : ils sont très rarement achetés. L'achat de ces biens consiste à réaliser un rêve. Le rapport qualité-prix est important (des comparaisons de prix sont effectuées). Les biens spéciaux sont très chers et nécessitent un effort d'achat important, comme par exemple un tour du monde ou l'achat d'une voiture.

L'option d'attribution suivante dépend de l'utilisation prévue. Les biens économiques peuvent être divisés en biens matériels (produits) ou immatériels (services). Les biens libres sont des biens sans prix et dont la disponibilité est gratuite.

Ces classifications sont importantes, entre autres, pour les différents domaines de commercialisation (nous en parlerons plus loin).

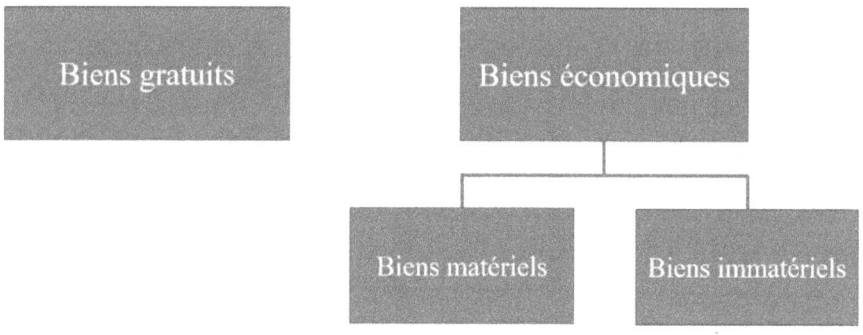

Figure 8 : Classification des biens en fonction de leur usage prévu, illustration personnelle

La troisième façon de classer les biens est la maturité d'utilisation. Selon le processus de production et la position dans la chaîne de valeur, le produit a différents niveaux de maturité, en commençant par les matières premières et en s'étendant aux aliments transformés finis.

Conseil : Pour la suite de l'organisation, il est élémentaire de savoir sur quel marché vous êtes et quelle catégorie de produits vous proposez. Ce n'est qu'alors que vous pourrez définir votre groupe cible et en savoir plus sur les besoins de vos clients. La situation concurrentielle peut également dépendre de la classification des produits et des marchés considérés.

Les particularités des zones du marketing

Après avoir défini le marché et le produit et après avoir su exactement dans quel secteur vous opérez, quel est le groupe cible et quelle est la situation concurrentielle à laquelle vous êtes confronté ? Il est maintenant temps d'examiner les différents domaines de commercialisation.

Il existe cinq domaines de commercialisation : (Kotler & et al., 2007)

- commercialisation des biens de consommation ;
- commercialisation des biens d'équipement ;
- marketing commercial ;
- marketing des services ;
- marketing à but non lucratif.

1. Le marketing des biens de consommation

Dans le marketing des biens de consommation, les entreprises ciblent généralement le consommateur final. Des produits de tous les jours sont vendus.

Le marketing des biens de consommation présente certaines caractéristiques : (Scharf & et al., 2012)

1. La concurrence, les substituts (produits interchangeables) et les groupes cibles sont très forts. Il faut s'attendre à une guerre des prix ;
2. En raison du grand nombre d'offres, il peut arriver que de nombreuses marques soient inconnues et que les produits diffèrent peu ;

3. La durée pendant laquelle un produit reste sur le marché diminue. Les produits doivent être modifiés ou développés à plusieurs reprises ;
4. Le consommateur final est actif sur le marché des biens de consommation : moins de prix peuvent être comparés et des décisions irrationnelles peuvent être prises. La psychologie économique joue donc un rôle majeur ;
5. En raison du marché de masse (offre et demande élevées), l'utilisation de toutes les activités de marketing est importante. Les activités de publicité et les mesures de marketing doivent être menées de manière cohérente, ce qui entraîne une augmentation des coûts.

2. Le marketing des biens d'équipement

Dans la commercialisation des biens d'équipement et des biens industriels, les relations économiques passent désormais au premier plan. Dans la plupart des cas, les entreprises sont en contact les unes avec les autres et des biens matériels sont échangés.

Les caractéristiques sont : (Scharf & et al., 2012)

1. Un degré élevé d'interaction et de communication entre les entreprises est nécessaire. À cette fin, des départements distincts sont créés dans les entreprises pour traiter cette interaction : le service des achats et le service des ventes ;

2. Les produits sont des solutions systémiques individuelles qui résolvent les problèmes spécifiques de l'entreprise. L'offre n'est plus adaptée au marché de masse mais doit être adaptée individuellement ;
3. Il s'agit davantage de confiance, de qualité et de service. Les entreprises sont en contact permanent et des relations commerciales naissent, ce qui réduit la lutte des prix ;
4. L'offre avec toutes ses composantes (prix, délai de livraison, conseil, formation, etc.) est déterminante. Il existe de nombreuses façons de se différencier des autres entreprises ;
5. Les entreprises sont de plus en plus présentes sur les marchés mondiaux.

3. Le marketing commercial

Le marketing commercial désigne les activités des commerces de détail et de gros, comme par exemple les supermarchés. Les caractéristiques sont : (Bruhn, 2012)

1. La gamme de produits, l'aménagement de l'espace de vente et le choix du site sont importants pour s'adapter aux besoins des clients et se démarquer de la concurrence ;
2. Les supermarchés développent de plus en plus leurs propres marques de distributeur ;
3. Il existe de nombreuses guerres des prix qui se caractérisent notamment par le fait que la publicité se concentre souvent sur les prix et les rabais ;

4. La fidélité des clients est importante en raison de la forte concurrence. On s'efforce de fidéliser les clients sur le long terme grâce à des programmes de fidélisation (par exemple, des cartes de fidélités) ;
5. L'offre doit comprendre les produits et le service, comme par exemple des conseils sur place.

4. Le marketing des services

Lorsque l'offre n'est plus constituée de biens matériels, on se trouve dans le marketing de services. En voici quelques caractéristiques : (Scharf & et al., 2012)

1. Le service immatériel peut être exécuté sur /par des personnes ou sur/par des machines ;
2. Étant donné que le service immatériel ne peut pas être testé par les sens humains au préalable, il sera difficile de prouver la qualité du service fourni. Les témoignages et les évaluations des clients permettent de gagner la confiance des nouveaux clients ;
3. Il n'y a pas de frais de transport et de stockage, étant donné qu'il n'existe pas de produits matériels commercialisés ;
4. Il existe une coopération entre les clients et les employés. Le client est activement impliqué, de sorte que le service peut être adapté individuellement ;
5. Cela peut entraîner des variations de qualité. Il est important de former, de qualifier et de former les collaborateurs afin de maintenir leurs performances constantes et de gagner la confiance du client ;

6. La consommation et la production ont lieu simultanément (principe uno-actu). Cette caractéristique perd de son importance dans la perspective de la numérisation car la consommation et la production de services sont de plus en plus fragmentées. Avec le coaching en ligne, on produit d'abord et ce n'est qu'ensuite que le client utilise le coaching.

5. Le marketing à but non lucratif

Le marketing à but non lucratif est un marketing non commercial qui soutient la politique, les organisations et les associations. Il a aussi quelques particularités : (Bruhn, 2012)

1. Les associations/organisations à but non lucratif ont généralement un budget limité ;
2. Il est difficile de délimiter le marché et le produit. La base est constituée par des valeurs et des normes qui sont difficiles à classer dans les secteurs de produits et de marché habituels ;
3. Le groupe cible peut être très large en fonction de l'objectif de l'organisation. Par exemple, lorsqu'il s'agit de protection mondiale de l'environnement, la population mondiale devient un groupe cible potentiel ;
4. De nombreux bénévoles ont un lien étroit avec le sujet. Les membres incarnent les valeurs et les normes de l'organisation et aident surtout sur une base de volontariat ;

5. La valeur attendue est difficile à déterminer. Davantage de participants devraient-ils venir à l'organisation ? Devrait-il y avoir davantage de dons ? Faut-il soutenir davantage de projets ? En général, les "clients" ne tirent aucun bénéfice tangible direct des activités de l'organisation ;
6. Le recours au marketing commercial pour les entreprises non commerciales peut ne pas être souhaitable, bien qu'il soit en fait utile pour atteindre les objectifs.

Au-dessus des secteurs marketing, il y a encore la division du marketing en marketing B2B et B2C.

Cela ne signifie rien d'autre que la division du marketing en une relation d'entreprise à entreprise ou d'entreprise à client. Ainsi, dans le marketing B2B, deux entreprises sont en contact, tandis que dans le marketing B2C, une entreprise et un client privé sont en contact. Tous les domaines de commercialisation mentionnés ci-dessus s'appliquent aussi bien au B2B qu'au B2C. Les ménages peuvent acquérir des biens de consommation (fréquemment) et des biens industriels (rarement) auprès d'une entreprise, ainsi que des services.

Le marketing B2B étant beaucoup plus complexe en raison des processus de l'entreprise, il est maintenant traité en détail.

Le marketing B2B

Le marketing interentreprises se réfère spécifiquement aux entreprises qui sont en relation d'échange avec d'autres entreprises. Les produits ne sont donc pas vendus à l'utilisateur final (consommateur) mais sont achetés auprès d'autres entreprises ou organisations. Les biens d'équipement (fréquemment), les biens de consommation (rarement) et les services (fréquemment) jouent un rôle dans le marketing B2B.

Quelles sont les caractéristiques du marketing B2B et en quoi diffère-t-il du marketing B2C ? (Kotler& et al., 2007)

- Les clients des entreprises B2B ne sont généralement pas nombreux mais représentent un volume de vente important : un petit nombre de clients est responsable d'un chiffre d'affaires important ;
- Le marché B2B est légèrement affecté par les changements de prix. Si le prix augmente, la demande ne diminue pas immédiatement dans la même mesure (demande inélastique) ;
- La situation du marché B2B a également une influence sur le marketing B2C : la chaîne de marchandises avant le consommateur final peut être très longue et inclure plusieurs entreprises en B2B ;
- Plusieurs personnes sont impliquées dans des processus de décision d'achat complexes, formalisés et professionnels. Les ventes (côté ventes) et les achats (côté achats) fonctionnent ensemble.

- Cela crée une communication intensive et à long terme entre les partenaires commerciaux ;
- Achats directs : les entreprises achètent généralement directement au producteur.

Certaines caractéristiques clés nécessitent des explications supplémentaires : les services, les facteurs d'influence et le processus de décision d'achat.

Le comité d'achat
(Buying Center)

Le comité d'achat est une unité organisationnelle composée de différentes personnes qui ont toutes une influence sur le processus de décision d'achat. Cela ne concerne pas seulement le service des achats, mais aussi un grand nombre d'autres services susceptibles d'influencer la décision d'achat : (Kotler & et al., 2007)

- L'utilisateur : l'utilisateur a un besoin qu'il essaie de satisfaire en effectuant un achat. Il reconnaît un problème et essaie de trouver le produit ou le service approprié pour le résoudre ;
- L'influenceur : il connaît bien le produit et sait quelle serait la solution adéquate. Il peut conseiller l'utilisateur et l'aider dans son expérience ;
- L'acheteur : il a diverses fonctions et tâches, qui seront traitées plus en détail dans la section suivante ;

- Le gardien : le gardien, par exemple un assistant, distribue les informations. Toutes les informations (offres, publicité, contrats, etc.) relatives au processus de décision d'achat sont diffusées par le contrôleur ;
- Le décideur : il a le pouvoir final de prendre la décision d'achat.

Le service des achats joue un rôle particulier au sein de ce comité d'achat car de nombreuses activités différentes sont regroupées dans ce service : (Kotler & et al., 2007)

- Le service des achats doit vérifier la disponibilité des produits et déterminer les besoins exacts. Cela comprend, entre autres, l'enregistrement de la quantité requise, de la date de livraison souhaitée, etc. ;
- Il identifie les fournisseurs possibles et obtient des offres de diverses entreprises ;
- Les offres sont comparées : des aspects tels que le prix, la qualité, les conditions de paiement, le service, etc. sont vérifiés ;
- L'acheteur définit le contenu du contrat de vente avec le vendeur et en négocie les conditions ;
- L'importance des relations avec les fournisseurs est toujours en cours de discussion dans le modèle des cinq forces. Elles sont gérées par le service des achats ;
- Les tendances du marché doivent être identifiées afin de transmettre les nouvelles informations, telles que l'évolution des coûts, aux autres services ;

- La publicité et les offres spéciales doivent être utilisées et comparées afin de réduire les coûts.

Facteurs influençant le processus de décision d'achat

Outre le service des achats, d'autres facteurs ont également une influence sur le processus de décision d'achat. Ces facteurs peuvent être divisés en influences environnementales et influences de l'entreprise (Kotler & et al., 2007).

Les influences de l'environnement incluent : les activités du concurrent, la situation économique, les prévisions économiques, l'intervention de l'État, etc.

Les influences de l'entreprise sont : les objectifs de l'entreprise, les directives et les structures (hiérarchies) au sein de l'entreprise, le nombre de personnes impliquées dans la décision d'achat, les restrictions du service des achats, les critères d'évaluation d'une offre et bien plus encore.

En outre, les influences liées à l'entreprise comprennent également toutes les caractéristiques personnelles des employés qui y travaillent : les motifs subjectifs, les points de vue et les préférences des employés. Des caractéristiques telles que l'âge, le sexe, l'éducation ou les traits de personnalité jouent également un rôle.

Si les acheteurs ne peuvent plus distinguer objectivement entre des offres et des produits similaires, la relation commerciale avec le vendeur joue un rôle important. Cela conduit à une simplification cognitive de la décision d'achat complexe.

Les phases du processus de décision d'achat

Pour comprendre enfin le marketing B2B, il manque encore les différentes phases du processus de décision d'achat : (Kotler & et al., 2007)

1. Reconnaissance du problème : un besoin se fait sentir chez l'utilisateur ou l'acheteur et est reconnu ;

2. Le besoin est déterminé : quel produit offre la solution appropriée ?

3. Le service des achats recherche des fournisseurs éventuels ;

4. Demander des offres : les fournisseurs sont contactés et soumettent des offres ;

5. La sélection d'une offre : différents critères jouent un rôle (qualité, prix, marque, etc.) ;

6. La commande : le cadre est défini et le produit est commandé ;

7. Après-vente et gestion de la qualité : vérification de la qualité et de l'exactitude de la commande, maintien de la relation avec le fournisseur afin de simplifier le processus de décision d'achat pour la prochaine commande et réduire les coûts grâce aux remises accordées aux clients.

Ce processus de décision d'achat dépend de la relation d'affaires et de la situation d'achat :

S'il s'agit d'un premier achat, on passe par tout le processus d'achat. Si l'exigence n'est que légèrement différente d'un achat déjà effectué, il s'agit d'un rachat modifié. Si le produit commandé est identique à une commande précédente, il s'agit d'un rachat. Dans le cas d'un rachat, le processus d'achat est grandement simplifié et raccourci (Scharf & et al., 2012).

Conseil : Par des achats répétés, de bonnes relations commerciales sont particulièrement importantes pour le marketing B2B. Une coopération à long terme et fondée sur la confiance conduit à des processus de décision d'achat routiniers. L'offre n'est plus remise en question en raison des bonnes expériences. La fidélité à la marque et le lien entre les marques jouent ici un rôle important : des marques fortes peuvent également être utilisées dans le marketing B2B pour gagner et ensuite fidéliser les clients. Les deux parties profitent de cette relation car les départements des achats et des ventes s'épargnent beaucoup d'efforts.

Le plan de marketing

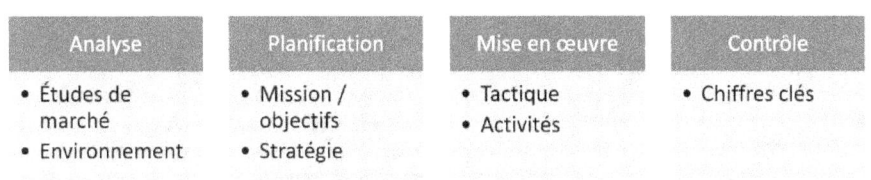

Figure 9 : Le plan de marketing, illustration personnelle

Le plan marketing est la vue d'ensemble la plus importante pour le marketing et contient toutes les stations qui sont traitées. Il précise comment le processus de commercialisation est structuré dans un cas optimal (Becker, 2009).

La phase d'analyse, qui comprend une étude de marché et une analyse de l'environnement, constitue la première étape. Dans la phase d'analyse, l'entreprise est examinée pour voir, entre autres, dans quelle situation concurrentielle elle se trouve et si le marché offre suffisamment de possibilités et quels sont les besoins du groupe cible ?

Dans la phase de planification, une stratégie est élaborée avec l'aide de la phase d'analyse. La base en est une mission et une vision formulées de l'entreprise. En outre, les objectifs de l'entreprise sont définis.

Dans la phase de mise en œuvre, les orientations stratégiques sont appliquées. C'est là que les activités de marketing discutées entrent en jeu et que le marketing mix traduit la stratégie en mesures concrètes.

Enfin, la réalisation des objectifs est suivie dans la phase de contrôle : l'entreprise a-t-elle réussi à atteindre les chiffres clés définis lors de la phase de planification ?

Chaque phase de marketing est associée à des questions importantes qui peuvent être très bien présentées visuellement :

Figure 10 : La pyramide marketing, illustration personnelle

La phase d'analyse et de contrôle se situe en dehors de la pyramide car ces activités de l'entreprise ont beaucoup à voir avec le marketing mais sont surtout servies par d'autres départements. Ainsi, la phase d'analyse appartient généralement au service d'étude de marché et la phase de contrôle au service de contrôle.

La mission est le fondement de l'entreprise. Pourquoi la société existe-t-elle ? Quelle est la valeur ajoutée pour la société ? À l'aide des objectifs, l'entreprise formule en termes concrets ce qu'elle veut atteindre. Dans la phase de stratégie, nous examinons ensuite comment nous pouvons ou voulons atteindre ces objectifs. Enfin, dans la phase tactique, la question est posée de savoir quelles actions concrètes doivent être menées dans le cadre de l'activité opérationnelle pour mettre en œuvre les objectifs stratégiques.

Dans les chapitres suivants, les différentes phases du plan de commercialisation sont examinées plus en détail.

La phase d'analyse

L'information devient de plus en plus importante pour la planification et les analyses de situation futures. L'information joue également un rôle important dans la phase d'analyse. Au cours de cette phase, toutes les données pertinentes sont collectées et analysées pour obtenir une vue d'ensemble de la concurrence, de l'environnement et de la situation du marché. Étant donné que les prochaines étapes du plan de commercialisation sont basées sur cette analyse de données, l'analyse doit être aussi précise et complète que possible (Kotler & et al., 2007).

La phase d'analyse peut être divisée en deux grandes catégories distinctes, à savoir l'analyse interne et l'analyse externe :

1. Analyse interne : l'analyse interne prend en compte les facteurs que l'entreprise elle-même peut déterminer et modifier. L'entreprise a donc une influence directe sur ces composantes (y compris les employés, les finances, la structure organisationnelle, etc.) ;

2. Analyse externe : l'environnement externe de l'entreprise décrit les facteurs sur lesquels l'entreprise a peu d'influence et qui existent également à l'extérieur de l'entreprise. (concurrence, technologie, ressources, etc.) ;

Pour ces domaines d'analyse, il existe désormais différentes manières de collecter et d'évaluer les données. Nous allons maintenant présenter brièvement certains des modèles les plus connus :

L'analyse SWOT

L'analyse SWOT (Kotler, Berger, & Rickhoff, 2010) combine l'analyse interne et externe et prend donc en compte l'entreprise et son environnement. Les lettres correspondent à la signification anglaise appropriée : les forces, les faiblesses, les opportunités et les menaces sont présentées ensemble dans une vue générale. Les forces et les faiblesses se rapportent à l'entreprise (interne) et les opportunités et menaces à l'environnement de l'entreprise (externe). Les données peuvent provenir de votre propre expérience subjective ou d'une étude de marché, par exemple. L'avantage de ce modèle est que les vues interne et externe peuvent être combinées en une seule vue d'ensemble. Dans le meilleur des cas, il est possible de combiner les forces de l'entreprise avec les possibilités offertes par le marché. Ce modèle peut être rempli de données qualitatives et quantitatives et peut être affiché comme un tableau normal.

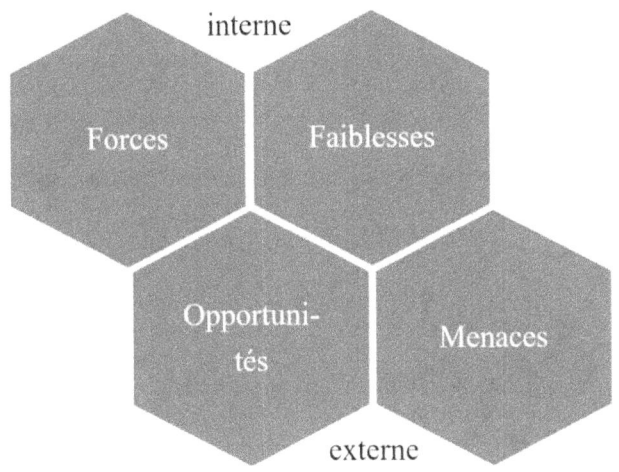

Figure 11: L'analyse SWOT,
illustration personnelle

Les quatre composantes donnent lieu à des stratégies d'action différentes : (Große, Platte, Schiek, Ziehe, & Zwerschke, 2010)

Stratégie d'expansion : Dans l'idéal, les forces internes de l'entreprise rencontrent les opportunités externes. Dans cette position, il faut s'appuyer sur les points forts et exploiter les opportunités.

Stratégie de couverture : Les risques environnementaux externes liés à l'entreprise rencontrent les points forts de l'entreprise. La stratégie doit se protéger contre les risques.

Stratégie de rattrapage : s'il existe des opportunités de marché qui ne peuvent être exploitées avec le modèle d'entreprise actuel, il faut tenter de compenser les faiblesses de l'entreprise.

Stratégie d'évitement : Dans ce domaine stratégique, l'entreprise doit se retirer. Les faiblesses propres répondent aux risques du marché.

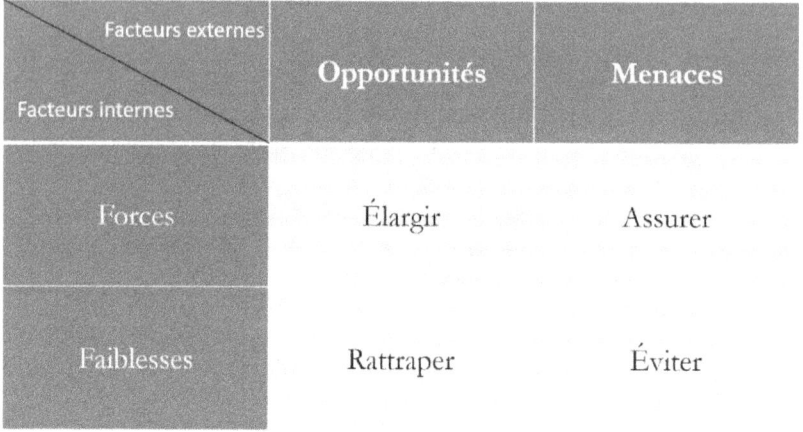

Figure 12 : Les stratégies SWOT, illustration personnelle, Source : cf. (Broda, 2005, p. 71)

L'environnement externe des entreprises

L'environnement externe de l'entreprise joue un rôle avant tout dans les opportunités et les risques et peut donc être directement inclus dans l'analyse SWOT.

L'environnement externe des entreprises peut être divisé en micro et macro environnements (Kotler & et al., 2007). Les possibilités d'influencer les facteurs dépendent de la classification. Le micro-environnement a une influence directe sur l'entreprise. Il comprend les fournisseurs, les clients, les partenaires et les concurrents.

L'environnement peut également être activement façonné et influencé. Une entreprise dispose d'une certaine liberté de choix dans la sélection de ses fournisseurs, partenaires et clients et son comportement vis-à-vis des concurrents peut également être modifié activement et individuellement.

Dans le macro-environnement, ces possibilités d'action sont largement absentes. Ce domaine se compose des technologies, des ressources, de l'État ou de la société... Pour une entreprise, il devient beaucoup plus difficile d'exercer une influence sur les personnes. Les normes et les valeurs d'une société peuvent difficilement être modifiées par une entreprise. Les ressources de la terre sont limitées. L'entreprise est soumise aux lois et règlements du gouvernement. Les nouvelles technologies peuvent changer l'économie. Tous ces facteurs sont plus difficiles à modifier et une entreprise n'a pas la possibilité de changer quelque chose par elle-même et de manière déterminée mais elle doit s'intégrer dans la société tout entière.

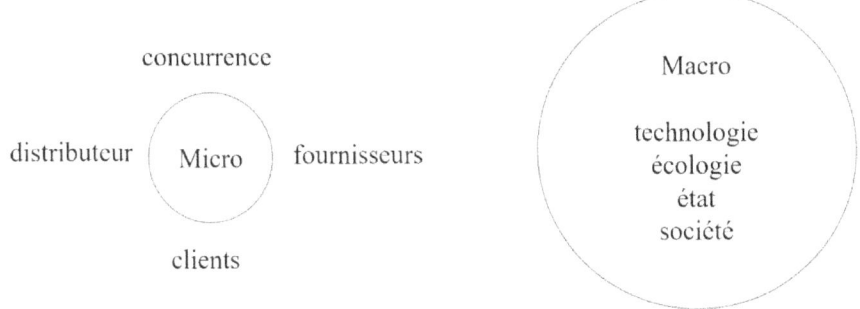

Figure 13 : L'environnement externe de l'entreprise, illustration personnelle

Le modèle des cinq forces

Le modèle de Michael E. Porter (Porter, 1980) est également une représentation de l'environnement externe de l'entreprise mais il examine de plus près le micro-environnement. Les cinq facteurs d'influence liés à l'entreprise, d'après lesquels ce modèle a été nommé, sont les suivants :

- Compétition directe : les concurrents existants ont le même groupe cible et une gamme de produits comparable ;
- Nouvelle concurrence : le marché n'est pas un système fermé. Des entreprises peuvent entrer sur le marché ou de nouvelles entreprises peuvent émerger qui ont le même groupe cible ;
- Biens de substitution : les besoins du groupe cible peuvent être satisfaits de différentes manières. Par conséquent, les clients peuvent considérer que les produits sont interchangeables ;
- Pouvoir de négociation des clients : sur de nombreux marchés, il y a une offre excédentaire. Le client peut choisir parmi une variété de produits similaires et soutenir certaines entreprises dans sa décision d'achat ;
- Pouvoir de négociation des fournisseurs : une entreprise qui transforme des marchandises est dépendante de ses fournisseurs. Si les livraisons sont annulées ou si l'entreprise ne reçoit pas les matières premières et auxiliaires appropriées, des goulets d'étranglement peuvent survenir au niveau de la production.

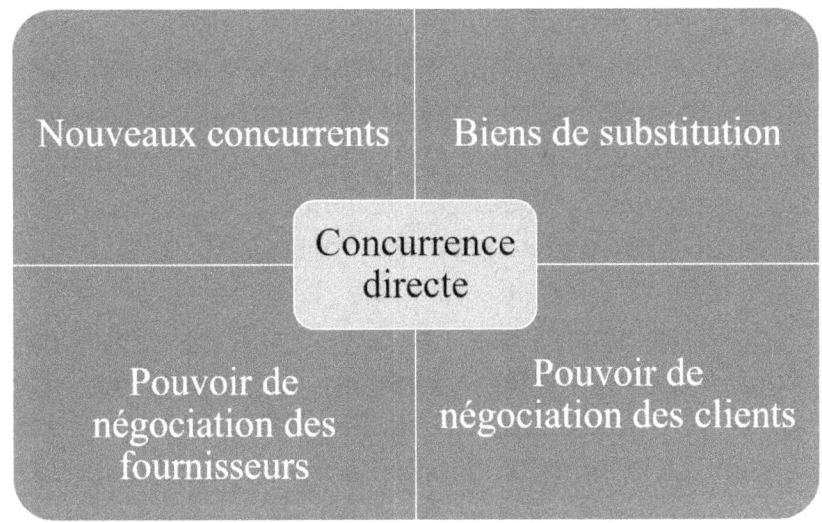

Figure 14: Le modèle des cinq forces de Porter, illustration personnelle

Ce modèle peut également être combiné avec l'ensemble de l'environnement externe de l'entreprise et le modèle SWOT afin d'obtenir une vue la plus complète possible de la situation de l'entreprise. Trois autres modèles suivent pour compléter la phase d'analyse interne.

Le cycle de vie des produits

Les données relatives au cycle de vie des produits (Vernon, 1966) sont quantitatives. D'une part, le temps de présence du produit sur le marché joue un rôle et d'autre part, le profit réalisé grâce à lui. La plupart des produits sont soumis à des changements constants et suivent un certain cours : les chiffres de vente et les bénéfices sont très faibles au début puis augmentent et diminuent à nouveau à la fin du cycle de vie du produit.

Au début, un produit est développé et, dans un premier temps, seuls les frais de recherche et de développement sont engagés (phase de développement). Après avoir été testé avec succès, il peut être introduit sur le marché en tant que nouveau produit. Si le lancement sur le marché est réussi, l'entreprise est en phase de croissance. La demande de ce produit augmente, les chiffres de vente et les bénéfices augmentent. Il atteint son apogée dans la phase de maturité, lorsque la demande est progressivement saturée. Enfin, les chiffres des ventes diminuent et le bénéfice diminue à nouveau. Dans la phase de dégénérescence, il faut se demander si le produit ne devrait pas être à nouveau retiré du marché. Une nouvelle innovation de produit pourrait éventuellement remplacer l'ancien produit.

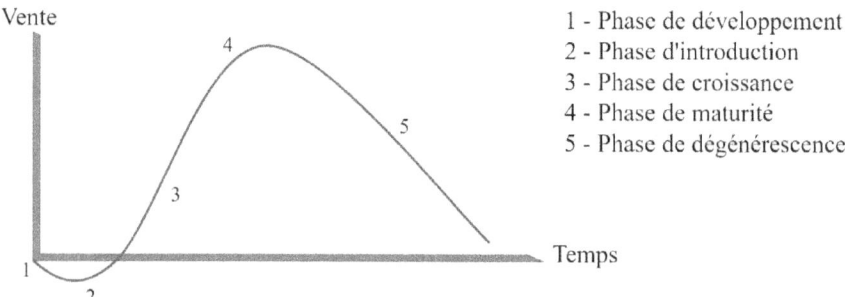

Figure 15: Le cycle de vie des produits, illustration personnelle

La matrice BCG

Comme avant-dernier modèle, le très connu modèle BCG (Henderson, 1970) est présenté. Cette vue d'ensemble permet également d'examiner de plus près la phase d'analyse interne. Le modèle du Boston Consulting Group (BCG) examine la composition du portefeuille et donc aussi les produits.

Les différentes unités commerciales, par exemple les produits ou les segments, y sont divisées en quatre domaines :

" Étoile, Vache à lait, Poids mort et Dilemme". Les axes sont constitués par la croissance du marché et la part de marché des produits.

La zone " Poids mort " est le pire des scénarios. Ici, il n'y a ni croissance du marché, ni part de marché. Le produit ne contribue pas au succès de l'entreprise et peut être retiré de la gamme.

Dans un marché en très forte croissance, les produits de la zone "Dilemme" sont des produits dont l'avenir est incertain. Si le marché est capable de croître de manière permanente, des efforts doivent être faits pour atteindre une part de marché suffisante à l'avenir. De nouveaux investissements ne sont utiles que si le marché est durable. L'objectif de l'entreprise doit être de posséder autant de produits du segment "Étoile" que possible. Le marché est en pleine croissance dans ce domaine et l'entreprise a obtenu une part de marché suffisante pour assurer le succès de ses produits.

Le dernier domaine "Vache à lait" consiste à maintenir les produits sur le marché tant qu'ils sont encore rentables.
Ce domaine n'a plus de grandes perspectives d'avenir, mais des parts de marché suffisantes ont été obtenues pour garantir que les produits génèrent encore suffisamment de bénéfices.

La matrice BCG est une circulation ou un système ouvert. Un "Poids mort" peut devenir "Étoile", une "Étoile" peut devenir "Vache à lait", etc.

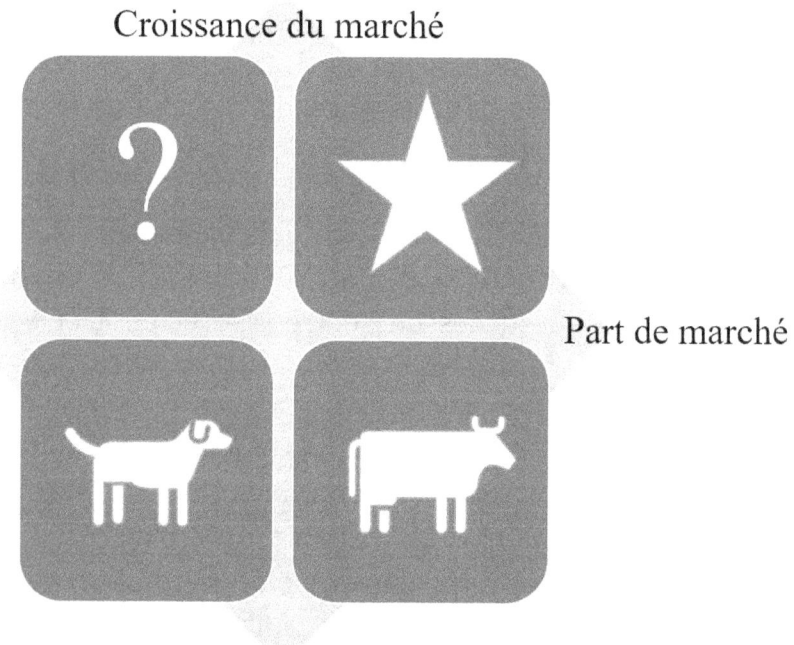

Figure 16: La matrice BCG, propre illustration

La matrice de portefeuille à 9 domaines

Une sorte d'extension de la matrice BCG est la matrice à 9 champs, qui a été développée par General Electric et la société de conseil McKinsey & Co. Ici, les axes sont constitués des dimensions des avantages concurrentiels relatifs et de l'attractivité du marché (Große, Platte, Schiek, Ziehe, & Zwerschke, 2010).

Les avantages concurrentiels relatifs consistent en :
- La position relative sur le marché (par exemple, la part de marché, la part des ventes) ;
- Le potentiel de production relatif (par exemple, les Licences, les avantages liés à la localisation) ;
- Les qualifications relatives des cadres et des employés (professionnalisme et motivation des cadres).

L'attractivité du marché se compose des aspects suivants :
- Croissance et taille du marché ;
- Qualité du marché (par exemple, intensité de la concurrence) ;
- Approvisionnement en énergie et en matières premières ;
- Situation environnementale (législation, dépendance à l'égard de l'économie).

Ces dimensions se traduisent par neuf stratégies d'action et d'analyse différentes. Comme pour la matrice BCG, les champs peuvent être appliqués à des produits ou à des groupes de clients ainsi qu'à des marchés.

Ces outils d'analyse sont donc polyvalents (Große, Platte, Schiek, Ziehe, & Zwerschke, 2010).

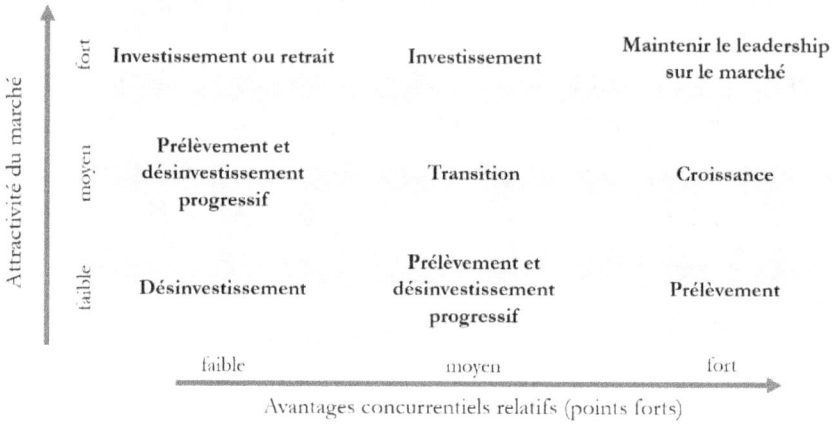

Figure 17 : Matrice à 9 champs, illustration personnelle, Source : cf. (Weis, 1999, p. 58)

Conseil : Que pouvez-vous vraiment influencer ? Quel aspect peut être utilisé pour orienter le marketing de manière significative ? Dans quelle mesure voulez-vous intervenir activement dans le macro-environnement ? Combinez les différents modèles de la phase d'analyse interne et externe.

La phase de planification

Comme on peut le voir dans le plan marketing, l'analyse est suivie de la phase de planification, dans laquelle la mission et les objectifs de l'entreprise sont définis (Kotler & et al., 2007). La stratégie de marketing est basée sur ces aspects.

Elle commence par la formulation d'une mission qui doit comporter au moins trois domaines : la compétence, l'enthousiasme et la base économique de l'entreprise (Scharf & et al., 2012).

Les fondamentaux économiques ont déjà été examinés en détail. L'industrie, la gamme de produits et le client jouent un rôle décisif.

L'enthousiasme exprime la raison d'être de l'entreprise : Pourquoi cette entreprise existe-t-elle ? Quelle est sa valeur ajoutée ? Ce "pourquoi" devrait motiver les employés.

La caractéristique unique est décrite dans la compétence : Que peut faire l'entreprise mieux que les autres ? Quelle est son offre spéciale ? Quels sont les produits ou services proposés ? Quel est l'historique de l'entreprise ?

Compétence	Enthousiasme	Bases
• Produit • Service • Employés • Marque	• Vision • Motivation	• Industrie • Clients • Marché

Figure 18 : La formulation de la mission, illustration personnelle

Une formule simple peut également faciliter la formulation des objectifs : la formule SMART (Locke & Latham, 1991) permet de garder en vue les caractéristiques les plus importantes des objectifs. Selon cette formule, les objectifs sont :

1. spécifiques,
2. mesurables,
3. convenus (acceptés),
4. réalistes, et
5. être limité dans le temps.

En outre, les objectifs peuvent être divisés en aspects qualitatifs et quantitatifs : (Grunwald & Schwill, 2019)

Quantitative	Qualitative
Bénéfice	Image
RSI	Relations publiques
Part de marché	Satisfaction des clients
Chiffres de vente	Notoriété

Figure 19: La répartition cible, illustration personnelle

Les stratégies de marketing

Après avoir formulé les objectifs et la mission, la question se pose de savoir comment vous voulez atteindre ces objectifs. Les stratégies de marketing vous aident maintenant à prendre le bon chemin.

La stratégie de marketing est un processus qui décrit l'alignement du marketing. Il s'agit d'une décision fondamentale sur la manière dont les objectifs de l'entreprise doivent être atteints.

Lors de la phase d'analyse, un regard sur les clients et la concurrence a déjà été porté à partir du micro-environnement. Cette division est également très importante pour les stratégies de marketing : il existe des stratégies de marketing axées sur le client et sur la concurrence. Dans ce chapitre, les stratégies les plus connues sont présentées, à commencer par celles qui sont axées sur le client.

La stratégie du champ de marché : matrice produit-marché

La stratégie de marché d'Ansoff (Ansoff, 1965) décrit avec quels produits l'entreprise veut devenir active sur quels marchés. Selon le marché et le secteur de produits, on peut voir différentes mesures qui aident à mettre en œuvre les objectifs formulés. La mise en œuvre opérationnelle concrète a lieu dans la phase de réalisation, qui comprend ensuite les mesures de marketing.

C'est là que les orientations stratégiques sont mises en pratique.

La stratégie de marché sur le terrain est divisée en quatre domaines : (Scharf & et al., 2012)

La pénétration du marché : Cette stratégie de marketing se réfère aux produits existants sur les marchés existants. Les objectifs sont les suivants :
- Augmenter les ventes aux clients existants ;
- Gagner des clients à la compétition ;
- Gagner de nouveaux clients.

Certaines mesures de mise en œuvre de la pénétration du marché comprennent les 4 P, comme par exemple la réduction des prix (politique des prix), l'utilisation des canaux de distribution de la concurrence (politique de distribution), le changement des unités de vente (politique des produits), etc. Les différentes mesures sont traitées dans le marketing mix.

Développement du marché : Les produits existants doivent être proposés sur de nouveaux marchés et de nouveaux potentiels doivent être exploités sur les marchés en croissance. Le modèle d'entreprise doit être garanti par plusieurs marchés ou par de nouveaux revenus. C'est grâce à ces aspects que l'on peut y parvenir :
- Les mesures d'entrée sur le marché : exportation de produits, franchisage, contrats avec des entreprises locales, co-entreprises et investissements dans de nouvelles branches ;
- Trouver de nouveaux groupes d'utilisateurs : acquisition de non-clients antérieurs ;
- Créer de nouvelles utilisations et satisfaire des besoins supplémentaires :

un produit peut être utilisé de différentes manières pour satisfaire différents besoins.

La stratégie de développement du marché peut être combinée avec les bases du marketing.

Les bases de la stratégie sont posées lors de la définition des marchés en termes de temps, d'espace et de produit car c'est exactement la façon de développer les marchés : le développement de nouveaux marchés correspond à la délimitation du marché spatial et la recherche d'un nouvel objectif/groupe cible correspond à la délimitation du marché des produits.

<u>Développement de produits :</u> Les nouveaux produits doivent être utilisés sur les marchés existants. Les clients doivent être fidélisés ou conquis par des innovations. Les produits peuvent être modifiés à des degrés divers :

- Innovations réelles : des produits complètement nouveaux ;
- Quasi-innovations : poursuite des avantages de base des produits existants et extension de la gamme de produits ;
- Produits « Me-too » : imitation de produits concurrents existants.

<u>Diversification :</u> Un nouveau marché est servi par de nouveaux produits. La puissance de marché doit être encore étendu et le potentiel exploité. En outre, la diversification sert de couverture opérationnelle lorsque l'on dispose de plusieurs catégories de produits sur différents marchés. Les nouveaux produits sur le nouveau marché peuvent différer du modèle commercial actuel :

- Diversification horizontale : Lien avec les produits ou les ventes avec les activités existantes. Par exemple, la valeur ajoutée d'un produit est complétée ou étendue par un nouveau produit. Il existe une corrélation entre les nouveaux produits et les avantages de base déjà offerts par les produits existants. Par exemple, un fabricant de machines à café met au point le café adapté. Mais où s'arrête la parenté au produit ou à la vente ? Quand les produits se complètent-ils et quand les produits se privent-ils mutuellement des parts de marché ? La réponse est fournie par la distinction du marché et des produits par rapport aux principes de base du marketing. Vous devez servir de nouveaux marchés ou développer de nouvelles catégories de produits.

- Diversification verticale : Une position en amont ou en aval de la chaîne de valeur est développée. La chaîne de valeur prend en compte l'ensemble du processus de production et de distribution. Une position dans ce processus est maintenant développée par l'entreprise et reprise par l'entreprise elle-même. Par exemple, une société de vente en ligne a récemment commencé à proposer des ventes en entrepôt : il existe désormais une nouvelle forme de canal de distribution et de nouveaux points de contact avec le client peuvent être créés.

- Diversification latérale : Il n'y a aucun lien avec le modèle d'entreprise précédent.

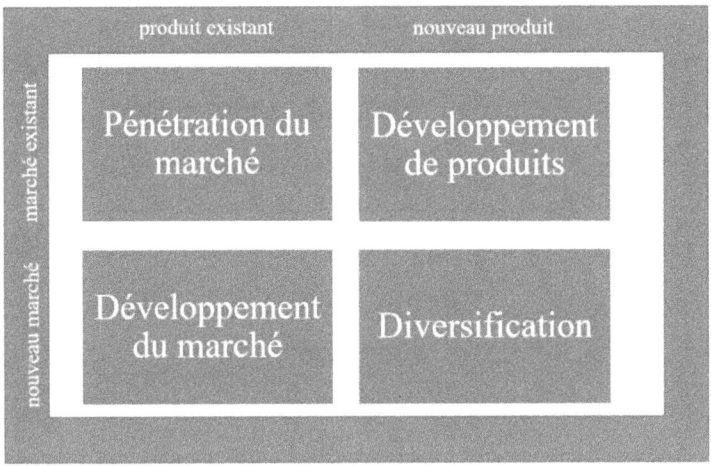

Figure 20 : La stratégie du champ de marché / la matrice produit-marché, illustration personnelle

L'innovation de produit

Dans une économie en mutation rapide, il est important de définir de nouvelles tendances. L'innovation de produit commence directement dans la stratégie du champ de marché et soutient la stratégie de développement de produit (Becker, 2009). Les nouveaux produits créent des incitations pour le client et aident à garder une longueur d'avance sur la concurrence. Ceux qui reconnaissent les tendances dans le temps et les servent avec leurs innovations peuvent en tirer profit.

Le processus d'innovation doit accorder la même attention à la concurrence et aux clients. L'innovation de produit doit se distinguer des produits concurrents et avoir au moins une proposition de vente unique. En outre, le client doit faire partie du processus d'innovation ; après tout, il doit finalement aimer le produit. Avec sa décision d'achat, le client décide du succès ou de l'échec du produit.

Il est très fréquent que les produits tombent en panne. Seules quelques rares innovations réussissent finalement sur le marché. Cela peut avoir plusieurs raisons : (Scharf & et al., 2012)

- Le produit n'est pas nouveau ou pas assez original ;
- L'entreprise n'a pas utilisé l'orientation client ;
- Les clients ou les employés n'ont pas été impliqués dans le processus d'innovation ;
- Le produit ne correspond pas à la marque ;
- Aucun lien n'est perceptible entre le positionnement et la conception du produit ;
- L'entreprise n'a pas effectué d'étude de marché ;
- Le marketing mix n'est pas aligné sur le produit ;
- Aucun plan financier adéquat n'a été établi ;
- Le soutien à l'innovation est trop faible dans l'entreprise ;
- Aucun mécanisme de contrôle n'a été introduit.

Outre les nombreuses raisons d'échec, il existe également des facteurs de succès : (Scharf & et al., 2012)

- La différenciation par rapport à la concurrence a été réussie ;
- Le produit a une bonne qualité et est fiable ;
- Le produit a une fixation de prix bien réfléchie ;
- L'amélioration du produit est perceptible et a fait l'objet d'une publicité.

Le processus d'innovation mentionné ci-dessus comporte cinq phases : (Scharf & et al., 2012)

1) Définition du marché cible
2) Génération d'idées et concrétisation
3) Développement du concept
4) Développement et tests du produit
5) Introduction sur le marché

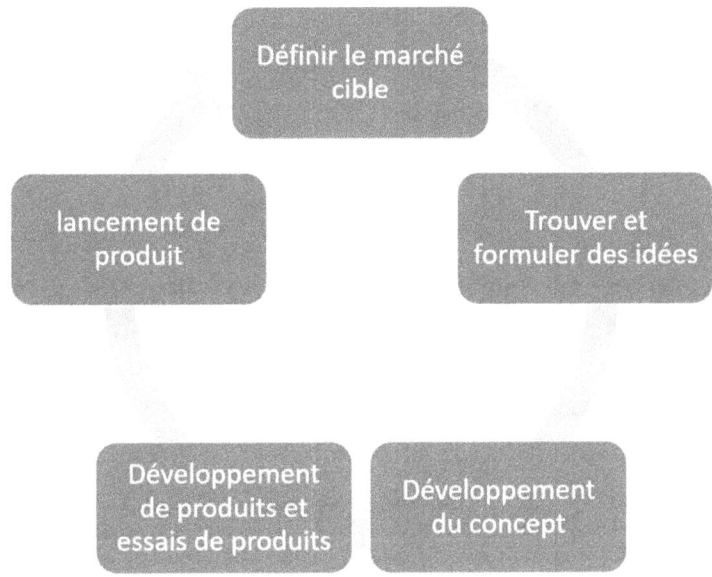

Figure 21 : Le processus d'innovation de produit, illustration personnelle

1) La définition du marché cible

La définition du marché cible commence par une base de marketing. La matrice Ansoff décrit comment le nouveau produit peut être positionné sur quels marchés. L'étape suivante consiste à formuler les domaines d'opportunité :

Quels sont les marchés qui ont le plus grand potentiel, qui connaissent la plus forte croissance et qui sont suffisamment importants ? Des réponses, on déduit le problème concret et le besoin du client.

Comment trouver des domaines d'opportunité et des tendances qui méritent d'être examinés dans la mesure où vous pourriez développer une innovation pour eux ?

Il existe deux méthodes pour déterminer les besoins actuels et futurs (Wilms, 2006). Pour les besoins actuels, il existe l'analyse de la structure du marché, une représentation graphique des caractéristiques et des produits sur le marché.

Elles peuvent être réalisées par la méthode de correspondance (statistiques). En règle générale, on obtient un modèle de positionnement grâce auquel on peut identifier des niches de marché ouvertes et ainsi conclure quels souhaits ou caractéristiques de produit restent insatisfaits. Les données nécessaires sont généralement obtenues à partir d'études de marché quantitatives ou qualitatives.

La recherche sur les tendances aide à identifier les tendances et les besoins futurs. Les tendances sont observées et collectées puis filtrées à l'aide de méthodes d'évaluation et de chiffres clés. En fin de compte, l'accent est alors mis sur une tendance que vous souhaitez mettre en œuvre dans le processus de génération d'idées (Scharf & et al., 2012).

Une définition claire des objectifs est nécessaire pour l'analyse des tendances. Il est important d'utiliser des sources d'information pertinentes pour l'identification des tendances afin d'évaluer les données et de tirer les bonnes conclusions. La tendance choisie détermine en fin de compte quelles idées sont générées et si le projet sera couronné de succès.

2) La génération et la conception des idées

Il existe des méthodes internes et externes pour trouver des idées :
Les méthodes externes comprennent, par exemple, les enquêtes auprès des clients, l'observation des produits concurrents, l'analyse des revues spécialisées, les enquêtes auprès des experts, la participation des agences de création, etc. Les méthodes internes comprennent des enquêtes auprès du département marketing, du département recherche et développement ou des employés (force de vente, centre d'appel), etc.

En outre, il existe des méthodes encore plus concrètes de génération d'idées. D'une part, les "utilisateurs principaux" peuvent être intégrés dans le processus d'innovation (Lamprecht, 2009). Les utilisateurs principaux sont des clients qui ont une grande expertise des produits et qui connaissent précisément le marché. Ils sont prêts à dépenser de l'argent pour des améliorations ou des innovations et peuvent influencer d'autres clients (trendsetters). Afin d'impliquer les utilisateurs principaux, il faut tout d'abord trouver et définir une tendance qui appartient à la catégorie de produits de l'entreprise.

L'analyse de la clientèle permet d'identifier les besoins ouverts des utilisateurs principaux (Scharf & et al., 2012).

Ensuite, vous pouvez commencer à rechercher ces utilisateurs principaux : les utilisateurs principaux peuvent être trouvés grâce à une enquête auprès des clients existants ou via les réseaux sociaux. Dans la dernière étape, les utilisateurs principaux sont intégrés dans le processus de génération d'idées et de développement de produits, par exemple par le moyen d'ateliers. D'autres méthodes créatives, intuitives ou systématiques sont le brainstorming, la méthode 635, la méthode Disney, le système morphologique, la résolution de problèmes, etc. (Scharf & et al., 2012).

3) La formulation du concept

Lors de la formulation du concept, il est important d'avoir la possibilité de décrire l'idée en quelques phrases. La valeur ajoutée devrait être claire pour le client en 20 à 30 secondes. Müller & Schroiff (Müller & Schroiff, 2013) ont formulé à cet effet quelques points que le concept devrait satisfaire :

- a) Reconnaître les besoins des clients : quel est le souhait ou le besoin du client ?
- b) Description de l'avantage : quel est l'avantage concret pour le client ? Quels sont les motifs et les valeurs abordés ?
- c) Crédibilité : pourquoi l'offre est-elle crédible ?
- d) Extras : informations supplémentaires telles que le nom, la taille de l'emballage ou le prix.

→ Ces facteurs doivent apparaître ensemble dans une offre publicitaire ou dans la formulation d'un concept.

Le concept fini avec le marché cible, l'idée et sa formulation doivent mener au fait qu'on peut se différencier des autres concepts. Le concept d'idée formulé doit être pertinent et réalisable.

4) Le développement de produits

Au début, vous commencez l'innovation avec un prototype que vous avez peut-être déjà créé en coopération avec un utilisateur principal. Ce prototype peut être amélioré en permanence après avoir recueilli l'avis de quelques clients.

5) Le lancement sur le marché

Lorsqu'il s'agit de l'introduction sur le marché, la question principale est de trouver le bon moment pour la phase d'introduction et trouver le marché pertinent. Le prototype ou le produit entièrement développé doit parfois être testé dans une seule zone de vente ou dans une seule ville/région. Il s'agit avant tout de recueillir des informations et des avis supplémentaires auprès des clients.

Conseil : Avec une bonne idée et une innovation bien mise en œuvre, l'entreprise peut réussir à rester prospère à long terme. Pour que cela réussisse, il faut suivre le processus d'innovation des produits. Toutefois, avant que le produit ne soit lancé sur le marché, il doit être correctement positionné.

La stratégie de positionnement

Une décision fondamentale à laquelle de nombreux entrepreneurs réfléchissent est la manière dont l'entreprise doit être perçue par les clients. Cela soulève la question du rapport prix/performance : Si vous voulez offrir une qualité élevée avec un très bon service, vous pouvez demander un prix plus élevé que pour une offre moyenne. Ce rapport qualité/prix fait également fortement référence à la formule de valeur présentée au début.

Comme la formule de valeur est un rapport, les facteurs individuels jouent un rôle secondaire. Le point essentiel est que le bénéfice l'emporte sur la douleur. La manière dont l'entreprise atteint cet objectif est secondaire. Le fait que le produit soit particulièrement bon marché ou de bonne qualité est moins important que la différence totale entre le bénéfice et la douleur. L'étendue de la formule de valeur est donc négligeable. Si un prix bas est demandé pour une mauvaise qualité, cela ne pose pas de problème tant que le bénéfice l'emporte sur la douleur.

Si le bénéfice pour le client est accru par l'augmentation de la qualité, la douleur sous forme de prix peut également être augmentée en conséquence. Dans la stratégie de positionnement, la question se pose maintenant de savoir si l'on veut atteindre le leadership du marché par la qualité ou le prix (Esch, Hermann, & Sattler, 2011).

a) Avantage qualitatif

Il faut développer des marques fortes qui sont synonymes de qualité fiable. Le groupe cible est constitué de personnes qui sont prêtes à dépenser plus d'argent pour une meilleure qualité.

L'objectif n'est pas de vendre le plus de produits possible mais d'offrir des produits de haute qualité avec une marge élevée afin d'augmenter les profits. Le département marketing est particulièrement important à cet égard. Si vous maîtrisez les bases du marketing, que vous les appliquez correctement et que vous créez une marque en plus, vous pouvez augmenter le bénéfice subjectif (supplémentaire) pour le client. Ce n'est qu'alors que le client pourra avoir confiance dans le produit et en percevoir la qualité comme élevée (Grunwald & Schwill, 2019).

La stratégie de la qualité présente certains avantages : (Scharf & et al., 2012)

- De véritables préférences de marque sont créées : le client se lie à une entreprise et à ses produits, par exemple Apple ;
- Le lien émotionnel a un effet à long terme ;
- L'avantage concurrentiel réside dans les caractéristiques du produit : s'il existe un "fossé profond", il peut être difficile pour la concurrence de produire des produits comparables. Un fossé profond signifie que les obstacles à l'entrée sur le marché sont particulièrement élevés ou que l'entreprise a réalisé de grands progrès technologiques ;

Certains désavantages sont : (Scharf & et al., 2012)

- Coûts plus élevés en raison d'un très bon développement de produits et d'un bon marketing ;
- Une fidélité à la marque et un positionnement de qualité sont un processus à long terme. Les risques opérationnels peuvent découler de la planification et de la stratégie à long terme.

b) Avantage de prix

L'objectif à long terme devrait être de proposer les produits à des prix inférieurs à ceux de la concurrence. L'orientation du marketing est donc basée sur la production et la vente. Il s'agit principalement de réduire la douleur dans la formule de valeur. Les coûts sont réduits, la production de masse est visée afin d'obtenir des rabais de quantité et les produits sont activement promus via le prix. Le prix est la caractéristique unique de l'entreprise et passe donc au premier plan dans les négociations de vente ou dans la publicité. L'entreprise essaie de vendre autant de produits que possible car les marges sont faibles en raison du faible prix de vente. Le profit doit être réalisé en vendant un grand nombre de produits.

La stratégie de tarification présente certains avantages : (Scharf & et al., 2012)

+ Le prix peut être fixé et modifié très facilement. Cette stratégie de positionnement est donc très flexible et facile à ajuster ;
+ Afin d'offrir les produits au meilleur prix, l'accent est mis sur une conception efficace et efficiente de la production et de la distribution ;

+ En se concentrant sur le prix, l'activité de marketing est plus facile que le positionnement dans le domaine de la qualité.

Certains désavantages sont : (Scharf & et al., 2012)
- Ce positionnement peut conduire à des guerres de prix. Comme la proposition commerciale unique est le prix, l'entreprise doit constamment essayer de proposer l'offre la plus favorable sur le marché ;
- Les clients ne développent pas de véritables préférences ou une réelle loyauté envers l'entreprise. Il s'agit d'acheter le produit le moins cher pour le client.

La vue d'ensemble suivante résulte du positionnement prix ou qualité : (Large, Plate, Push, Pull, & Zwerschke, 2010)

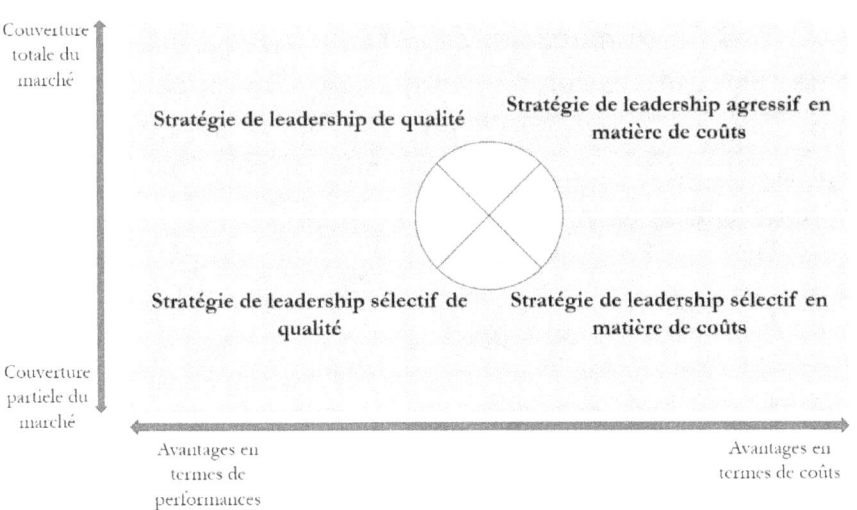

Figure 22 : Les stratégies de positionnement, illustration personnelle, Source : cf. (Bruhn, 1990, p. 75)

Si l'on examine le positionnement de la qualité et du prix, on remarque que les deux extrêmes du positionnement sont couverts. Toutefois, le rapport prix/performance n'est pas seulement basé sur la performance ou le prix. Un ratio peut bien sûr aussi être équilibré :

Un prix équitable pour une bonne qualité. Avec cet équilibre, on pourrait essayer de combiner les deux modes de positionnement.

Un positionnement doit être indépendant (distinct de la concurrence), à long terme, simple et clair. (Felser G., 2015)

Les difficultés de positionnement se retrouvent dans les principes et dans le plan de marketing : quel est le marché en cause ? Comment définir un groupe cible ? Quelle orientation commerciale choisir ? Quels sont alors les objectifs et la mission de l'entreprise ? Se concentrer sur la moyenne partout où l'on veut être? Comment peut-on être perçu si l'on n'est pas synonyme de qualité ou de prix bas?

La stratégie de partage du marché : segmentation et ciblage

La stratégie de partage du marché ne doit pas être confondue avec la définition des marchés par produit, par zone géographique et par période. La stratégie de partage du marché est basée sur la définition du marché. Une fois que vous avez trouvé votre marché ou groupe cible, il est intéressant de savoir s'il existe d'autres moyens possibles de le diviser au sein de ces marchés ou groupes cibles. Des segments sont donc formés (Becker, 2009) & (Kotler & et al., 2007).

Segmentation : La segmentation désigne la division de l'ensemble en sous-groupes plus petits. Par rapport au marché et au groupe cible, cela signifie que le marché total et les clients sont divisés en groupes de clients et en unités de marché. La question de savoir ce qui ou comment diviser l'ensemble reste une décision stratégique qui sera discutée plus en détail prochainement. Après la segmentation, vous pouvez effectuer le ciblage. La segmentation pourrait également être utilisée comme un outil d'analyse pour distinguer le marché et les groupes de clients. La segmentation devient une stratégie de marketing lorsque l'offre est adaptée aux segments et que le ciblage est effectué.

Ciblage : Le ciblage désigne la décision ou l'action qui sert au moins un des segments. Cette stratégie est donc axée sur des niches sélectionnées.

Certains aspects du marketing, en particulier les tactiques, doivent être adaptés aux segments sélectionnés.

Si cette stratégie n'est pas suivie, le marketing de masse sera poursuivi : communiquer la même offre à tous les clients par le plus grand nombre de canaux de communication possible. Il n'y a pas de personnalisation.

Exemple : Une compagnie d'autobus longue distance répond au besoin de liberté et de transport. Si la compagnie d'autobus longue distance satisfait la demande non seulement par autobus, mais aussi par train, avion ou voiture, elle opère sur un marché (segment) avec plusieurs produits individuels (moyens de transport). L'entreprise s'est spécialisée dans le marché du transport de passagers (ciblage) et y propose une large gamme de produits (= spécialisation du marché).

D'autre part, il y a la gamme des produits ferroviaires. Elle s'adresse non seulement aux particuliers mais aussi aux entreprises. Les passagers et les marchandises sont transportés, ce qui crée plusieurs marchés. La spécialisation dans le produit est la même : transport ferroviaire de nuit, express, voiture, train de marchandises et bien plus encore (= spécialisation du produit).

Si l'on devait maintenant se concentrer sur un seul produit dans un certain marché, on aurait le marketing de niche que l'on vient de mentionner.

	Marché 1	Marché 2	Marché 3
Produit 1			
Produit 2			
Produit 3			

Spécialisation du marché

	Marché 1	Marché 2	Marché 3
Produit 1			
Produit 2			
Produit 3			

Spécialisation du produit

	Marché 1	Marché 2	Marché 3
Produit 1			
Produit 2			
Produit 3			

Niche

Figure 23 : Exemples de segmentation, illustration personnelle, Source : cf. (Bruhn, 1990, p. 58)

Le contenu suivant sera principalement basé sur le marketing des biens de consommation et une approche orientée vers le marché. Vous pouvez diviser le marché de différentes manières et fixer des critères de qualité différents.

Pourquoi devriez-vous segmenter le marché et ne pas faire du marketing de masse ? (Scharf & et al., 2012)

- Il est possible de créer de nouvelles offres et activités de marketing spécialement adaptées aux souhaits et aux besoins du client ;
- Cette individualisation renforce la fidélité des clients. C'est important car il est plus difficile de gagner de nouveaux clients que de conserver les clients existants ;

- Vous vous distinguez de la concurrence et avez la possibilité de différencier vos services de ceux de la concurrence ;
- Le client reconnaît le positionnement de l'entreprise, car la segmentation est plus précisément adaptée à ses besoins ;
- En répartissant les différentes offres sur différents groupes cibles et marchés, le modèle commercial devient plus sûr : il est plus précisément adapté aux groupes cibles mais ne dépend plus d'un grand groupe cible ou d'un grand marché, mais plutôt de nombreux petits ;
- En se concentrant sur les groupes de clients les plus rentables, l'entreprise peut économiser sur son budget.

Selon quelles caractéristiques pouvez-vous maintenant procéder à cette répartition (segmentation) du groupe de clients (Freter, 2003) :

- Sociographique : profession, état civil, revenus, éducation ;
- Démographie : âge, sexe, origine ;
- Psychographique : hobby, attitude, trait de personnalité ;
- Comportement : comportement d'achat, comportement d'utilisation, comportement en matière de prix.

Qu'est-ce qui relie un segment ou quelles caractéristiques doit avoir un tel segment ? (Kotler & et al., 2007)

- Taille suffisante : le segment doit être suffisamment important pour avoir le potentiel de faire des bénéfices ;
- Accessibilité : il faut avoir la possibilité d'être actif sur le marché et de s'adresser aux clients ;
- Homogénéité : le groupe de clients doit avoir des besoins et des souhaits similaires (voir division du groupe de clients) ;
- Réaction similaire : le groupe de clients doit réagir à la tactique de la même manière. Si ce n'est pas le cas, il se peut que le segment soit encore trop large ou que le marché ait été divisé en fonction de caractéristiques inappropriées.

Une fois que vous avez trouvé le bon segment et qu'il répond aux exigences mentionnées ci-dessus, quelles sont les options (ciblage) ? (Becker, 2009)

- Marketing concentré : le marketing de niche, le microciblage ou aussi appelé marketing individuel, sert à se concentrer sur le plus petit groupe de clients possible contenant les clients souhaités. Les possibilités de ciblage diffèrent en fonction du nombre de clients ;
- Le marketing personnalisé, par exemple, consiste à ne servir que des clients individuels et prometteurs à l'aide d'offres individuelles et d'une communication personnelle ;

- Multitargeting : Vous sélectionnez de nombreux segments différents que vous souhaitez servir.

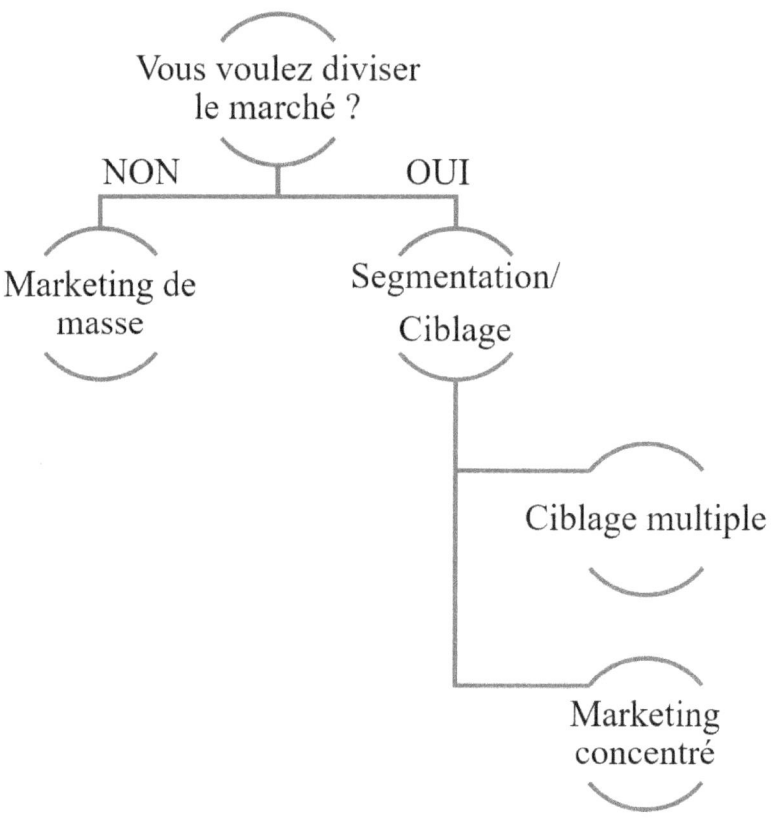

Figure 24 : Vue d'ensemble de la segmentation et du ciblage, illustration personnelle

Mais il ne faut jamais oublier que tous les clients ne veulent pas une offre de produit individuelle. Si les clients ont peu d'intérêt pour le produit et veulent prendre des décisions d'achat rapides avec peu d'attentes, un produit de masse peut être la meilleure alternative.

La stratégie compétitive axée sur la concurrence

Jusqu'à présent, les stratégies de marketing ont été exclusivement basées sur une vision orientée vers le client, mais la concurrence joue également un rôle important dans l'environnement des entreprises et dans la détermination d'une stratégie (Porter, 2008).

L'objectif de cette stratégie est de déterminer comment on veut obtenir un avantage concurrentiel. En réalisant les besoins des clients, on veut se distinguer de la concurrence.

Mais qu'est-ce qu'un avantage concurrentiel ?

Si un client accepte à plusieurs reprises l'offre d'une certaine entreprise, il se constitue un lien ou une préférence. Bien que des offres comparables aient pu être trouvées sur le marché, il reste fidèle à l'entreprise précédente. Cet avantage concurrentiel réside donc dans la perception et le comportement du client. C'est la vision subjective du client qui crée un tel avantage (Kotler & et al., 2007).

Cet avantage concurrentiel devrait : (Scharf & et al., 2012)

- Rester en place de façon permanente ;
- Etre assez fort ;
- Fournir les moyens de le défendre ;
- Etre perceptible par le client.

Comment pouvez-vous maintenant vous positionner stratégiquement par rapport aux autres entreprises ? (Scharf & et al., 2012)

1) Stratégie de conflit : une comparaison directe avec la concurrence est recherchée, par exemple au moyen de comparaisons de qualité et de prix dans la publicité ;
2) Stratégie d'ajustement : stratégie comportementale défensive dans laquelle le comportement est uniquement adapté aux actions de la concurrence ;
3) Stratégie de coopération : une fusion avec la concurrence dans le but de réaliser de gros investissements ou d'exploiter des effets de synergie ;
4) Stratégie d'évitement : le marché est analysé en profondeur et les opportunités et les risques sont vérifiés. À l'aide des stratégies de marché, on examine si un passage à d'autres marchés où la concurrence est moins forte a du sens et est possible.

Le choix des stratégies dépend, entre autres, de la position de l'entreprise sur le marché et de la position de l'entreprise au sein de la concurrence. Un leader du marché doit procéder différemment d'un poursuivant : (Kotler & et al., 2007)

- Leader sur le marché : doit agir activement pour maintenir et développer sa position ;
- Poursuivant du marché : observe le leader du marché et attend une réaction du marché. Les erreurs sont utilisées pour améliorer sa propre position. Les opportunités doivent être reconnues et saisies rapidement ;

- Fournisseur de niche de marché : peut offrir des solutions rapides et souples aux problèmes urgents des clients ou de la société. Le fournisseur de niche est capable de se transformer rapidement (stratégie alternative). Toutefois, il ne devrait pas s'attaquer à l'ensemble du marché en raison de la petite taille de ses entreprises (segmentation).

Les principes de la gestion des marques

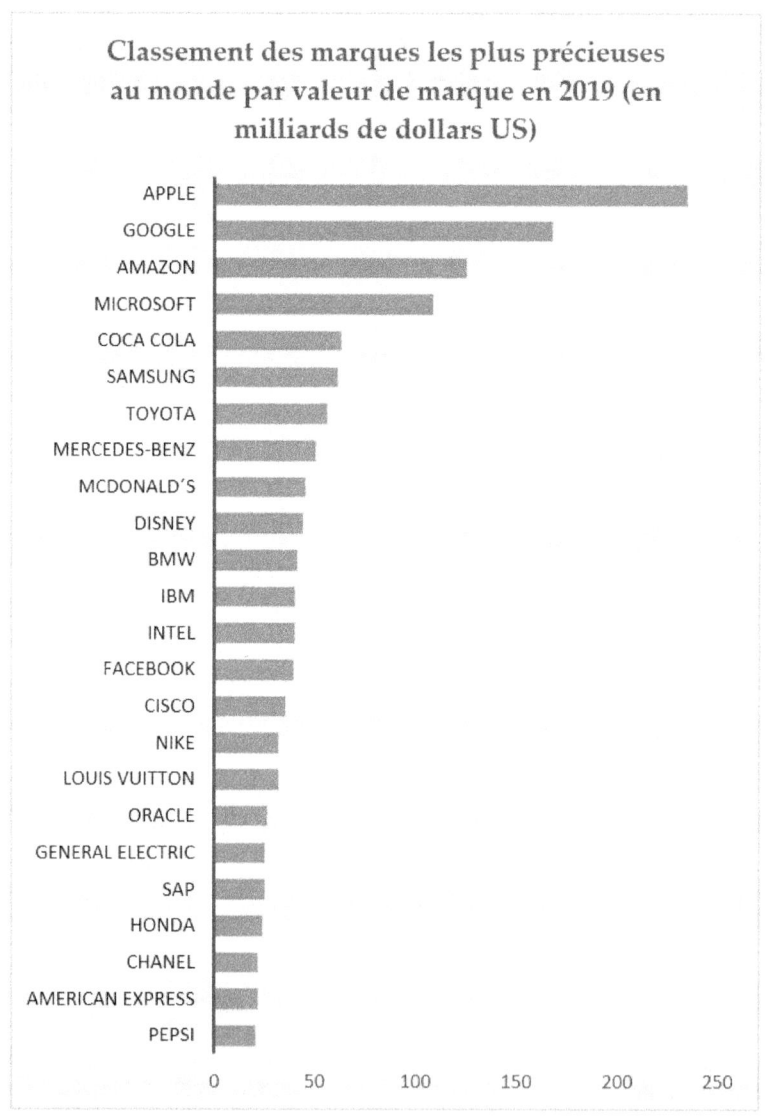

Figure 25 : Les marques les plus valorisées 2019, illustration personnelle
Source : (Cantar Millward Brown, 2019)

Qu'est-ce qui rend au juste ces marques connues si uniques ? Pourquoi les marques ont-elles tant de valeur ? Et quelles mesures concrètes peuvent être prises pour construire une marque ? Pour répondre à ces questions et à bien d'autres, auxquelles ce livre apporte des réponses, vous avez besoin des bases de la gestion des marques.

Mais qu'est-ce qu'une marque ? Les marques sont des images dans l'esprit des clients (Esch F.-R., 2003). Ces images sont liées aux différentes fonctions que la marque a pour les clients et les entreprises. Pourquoi ne pas l'essayer vous-même et jeter un coup d'œil aux marques les plus performantes. Quelles sont les associations qui vous viennent à l'esprit en lisant le nom de la marque ?

Ce ne sont pas les caractéristiques fonctionnelles et les associations qui font le succès d'une marque. Il faut tenir compte des sentiments et des expériences du client. Les marques fortes sont fortement ancrées dans l'esprit des clients au niveau émotionnel (Esch F.-R., 2003). L'accent est donc mis sur les influences émotionnelles que les marques ont sur la perception et les préférences des consommateurs.

Fondamentalement, les marques (comme toutes les activités de marketing) servent à intervenir dans la formule de valeur du marketing. En principe, l'avantage doit dépasser la douleur d'une transaction. Le client achète un produit ou utilise un service s'il paie une juste valeur pour le bénéfice qu'il reçoit de l'achat ou de la consommation.

Les marques jouent également un rôle important à cet égard car l'utilité et la douleur ne sont pas seulement déterminées par des caractéristiques objectives mais résultent de nombreuses caractéristiques subjectives, dont la marque.

La marque a ainsi une influence directe sur la valeur perçue du produit et joue donc un rôle très important dans la décision de marketing et d'achat du client.

Les fonctions des marques

Bien que la fonction qui vient d'être décrite soit la plus importante, il existe de nombreuses autres fonctions qui peuvent être divisées en fonctions pour les entreprises et les clients (Burmann, Meffert, & Koers, 2005 et Scharf, Schubert, & Hehn, 2012).

Les fonctions de la marque pour les clients sont :

- Guide d'orientation : le logo, le nom et la conception de l'emballage (voir la section "Branding") permettent de reconnaître rapidement un produit. Parmi la gamme de produits similaires, une marque spécifique peut être rapidement identifiée ;

- Fonction de soulagement : si le client utilise la marque comme information clé, il peut simplifier sa décision d'achat et la rendre plus rapide ;

- Fonction de confiance : les clients font confiance aux entreprises et à leurs marques. Si une marque est consommée sur une période de plusieurs années, le consommateur peut acquérir une grande expérience et gagner sa confiance ;

- Fonction d'identification : les gens utilisent des produits pour améliorer leur image de soi. La marque achetée doit dire quelque chose sur le client. Certaines marques sont synonymes d'exclusivité et de prestige, par exemple ;

- Fonction de qualité : les marques sont synonymes d'exigences minimales de qualité, sinon il s'agit d'un produit sans nom. Les marques sont souvent utilisées lorsqu'il s'agit de produits de haute qualité afin de leur associer cette qualité. Les marques sont donc synonymes d'un certain degré de sécurité lors des achats ;

- Fonction de récompense : les clients peuvent se récompenser en achetant certaines marques.

La mesure dans laquelle ces fonctions de la marque ont une influence sur la perception du client est démontrée par l'exemple suivant : "Les produits de différentes marques peuvent différer objectivement les uns des autres même si la différence ne peut être établie sans la connaissance de la marque (par exemple Allison & Uhl, 1964). Cette considération est également soutenue par la recherche neurologique : les consommateurs préfèrent le Pepsi au Coca-Cola dans le test en aveugle, mais cette préférence est inversée lorsque la marque est visible."

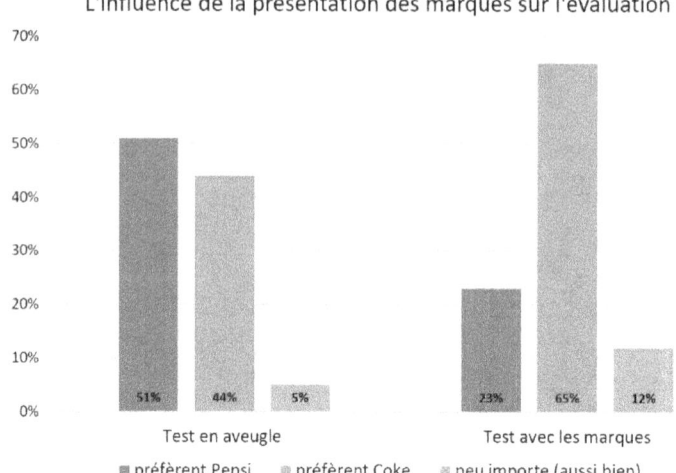

Figure 26 : Comparaison entre Pepsi et Coca-Cola,
illustration personnelle,
Source : (de Chernatony & McDonald, 1998 & cf. Esch, 2003, p. 10)

Aujourd'hui, par exemple (McClure et al., 2004), il a été démontré que les schémas d'excitation neuronale qui accompagnent la consommation de Coca-Cola avec et sans la notoriété de la marque diffèrent sensiblement. Cela pourrait suggérer que la connaissance de la marque et donc l'activation de la valeur de l'expérience pourrait en effet générer une expérience objectivement différente du produit (Felser, 2015, p.13).

Les fonctions de la marque pour l'entreprise (Scharf et al., 2012) :

- Fonction de fidélisation : les clients préfèrent certaines marques et achètent ensuite cette marque encore et encore. Ce processus d'achat simplifie la fidélisation des clients ;

- Fonction de positionnement : les marques aident l'entreprise à se différencier de la concurrence ;
- Augmenter la valeur de l'entreprise : les marques sont essentielles pour la valeur d'une entreprise. Dans le cas des sociétés cotées en bourse, la valeur de la marque apparaît même partiellement dans le bilan ;
- Fonction de politique de prix : la fonction de qualité et de confiance des marques permet de fixer des prix plus élevés pour les produits de marque ;
- Fonction de segmentation : pour chaque segment, différents concepts peuvent être utilisés. Des produits similaires peuvent être positionnés différemment en utilisant des marques ;
- Fonction de politique de produit : les innovations de produit peuvent être intégrées dans la marque. La marque n'est pas une construction rigide mais elle peut être adaptée et modifiée.

Pour le client	Pour l'entreprise
Fonction d'orientation	Fidélisation des clients
Fonction de décharge	Fonction de politique des prix
Fonction de confiance	Fonction de la politique des produits
Fonction d'identification	Fonction de positionnement
Fonction de qualité	Fonction de segmentation
Fonction de récompense	Fonction de valorisation

Figure 27 : Fonctions des marqueurs dans la vue d'ensemble, illustration personnelle

Conditions générales de gestion de marque

La plupart des consommateurs ne sont pas intéressés par les produits ou les marques de ces entreprises. Les raisons en sont multiples : (Häusel, Neuromarketing, 2014, p. 82)

- Rien qu'en Allemagne, plus de 50 000 marques font l'objet d'une publicité active ;
- Le supermarché propose en moyenne 10 000 articles ;
- Chaque année, 26 000 nouveaux produits sont lancés sur le marché ;
- 500 millions de sites web veulent être visités ;
- Chaque année, il y a 350 000 annonces imprimées et deux millions de publicités supplémentaires.

Même un directeur de marque doit faire face aux défis actuels. Ces conditions permettent d'avoir une compréhension globale de la théorie (Pour des conditions cadres détaillées, voir Esch F.-R., 2003, pp. 27-55 & Scharf & et al., 2012).

La croissance de l'offre de produits et de marques

Les entreprises doivent rendre leurs marques perceptibles par les consommateurs. La stratégie de marque et sa mise en œuvre opérationnelle sont importantes pour attirer l'attention et la perception du client. Cela conduit à une concurrence accrue :

- La mondialisation des marchés. Le concours devient de plus en plus international.
- Spécialisation croissante des groupes de clients des entreprises. De nombreuses niches de marché sont déjà desservies.
- La pression d'innovation des entreprises. Les entreprises doivent continuer à mettre de nouveaux produits sur le marché ou à modifier les produits existants.
- Les tendances de consommation. Les produits sortent plus rapidement. Le cycle de vie du produit est raccourci en conséquence.

L'importance croissante de la politique de communication

L'attention limitée du client est souvent dépassée par le marketing. Les actions publicitaires doivent être menées de manière cohérente, sur une période plus longue et en accord avec la marque. Le client utilise de plus en plus de médias électroniques différents, qui peuvent également être utilisés pour des mesures publicitaires. En outre, non seulement le nombre de médias publicitaires augmente, mais aussi le nombre de possibilités de publicité grâce au progrès technique, par exemple les bannières publicitaires sur Internet, la publicité mobile, etc.

Surcharge d'informations et comportement des clients

La prise d'information du client est limitée. Il n'est pas en mesure d'absorber tous les messages publicitaires qui lui parviennent. Il se sent dépassé par le choix des produits.

Le consommateur utilise alors de plus en plus de raccourcis mentaux dans le processus de décision et s'oriente vers des informations simples, telles que le prix ou la marque.
Le client se désintéresse de la plupart des produits et des marques. Cette combinaison de surcharge d'informations et de désintérêt du client rend difficile la diffusion du message publicitaire par le commercialisateur. La politique de marque peut être utile à cet égard.

"Selon un calcul de l'Institut de Recherche sur la Consommation et le Comportement, en République Fédérale d'Allemagne, moins de 2 % des informations proposées par les médias sont absorbées, le reste passe inaperçu. En matière de publicité, on peut compter sur un surplus d'information de 95 %." (Kroeber-Riel, 2003, p. 90)

Surcharge d'informations en République Fédérale d'Allemagne

Radio	99,4 %
Télévision	96,8 %
Revues	94,1 %
Journaux	91,7 %
Publicité	95,0 %

Figure 28 : Surcharge d'informations, illustration de l'auteur, Source : cf. (Esch F. R., 2003, p. 29)

Homogénéité de la marque

Les normes de qualité sont de plus en plus nombreuses, ce qui réduit également les différences de qualité. Par exemple, les clients consomment de plus en plus de marques propres aux discounters de supermarchés. La part de marché des marques de distributeur dans le commerce alimentaire est aujourd'hui d'environ 40 % (Nielsen, 2019). Les détaillants commencent également à développer leurs propres marques de distributeur. Dans les résultats des tests, de nombreux produits obtiennent désormais la note "bon" ou "très bon" (Stiftung Warentest, 2015). La proposition de vente unique de la qualité est donc en baisse pour les marques.

Segmentation dans la gestion des marques

Les clients peuvent très facilement s'orienter par rapport au prix ou à la marque pour prendre une décision d'achat, c'est ce que l'on appelle les informations clés. Ces informations clés servent d'aide à la décision d'achat. Les informations clés sont particulièrement importantes pour l'évaluation des produits et combinent plusieurs éléments d'information (Kroeber-Riel, 2003, p. 284). Elles peuvent donner une indication sur la qualité, le prix, la marque, l'exclusivité, les valeurs et les normes (Neumann, 2013, p. 124).

Sur la base de ce comportement d'achat via des informations clés, les clients peuvent être subdivisés en :
- Clients patients : ils n'achètent leur marque que lorsqu'il y a une offre particulièrement favorable ;

- Clients fidèles à la marque : ils ne réagissent guère aux changements de prix. Ils restent fidèles à leur marque ;
- Clients sans cible : ils achètent de manière impulsive. Ils sont facilement influencés par des informations simples et disponibles, par exemple la conception du produit sur le point de vente ;
- Les chasseurs de bonnes affaires : ce sont des consommateurs très sensibles aux prix, sans préférence particulière pour une marque ;

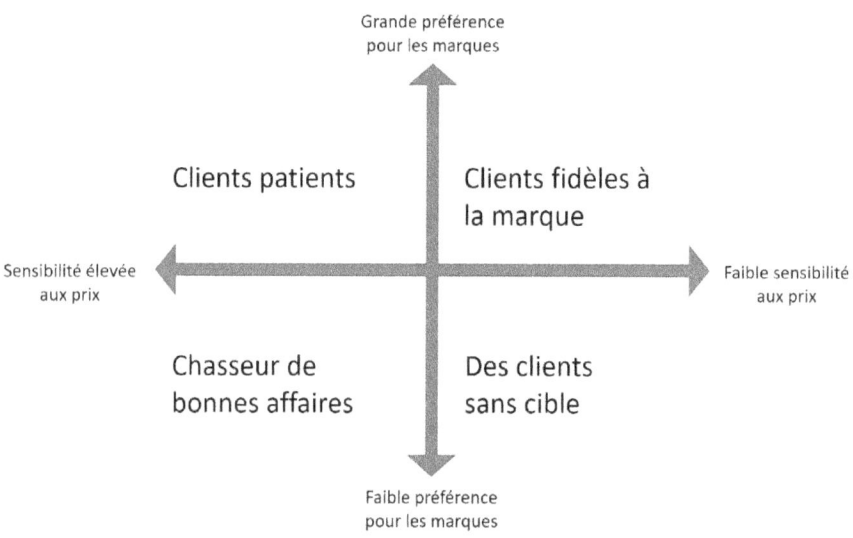

Figure 29 : Segmentation par préférence de marque et de prix, illustration personnelle, source : cf. (Meer, 1995)

Les tendances modernes de la consommation des consommateurs

L'amélioration des conditions de vie de la société conduit les consommateurs à repenser les normes, les valeurs et la morale. L'expérience est au premier plan.

Dans la société de consommation moderne, les produits ne doivent plus se différencier uniquement sur leur avantage de base mais aussi sur leur avantage supplémentaire. Les avantages fonctionnels de base perdent de leur importance. L'orientation vers l'expérience avec le bénéfice supplémentaire se déplace dans l'attention du consommateur. Le spécialiste du marketing doit donc garder un œil sur les tendances actuelles de la valeur dans la société (Kroeber-Riel, 2003, p. 115 et 124).

Il ne s'agit plus seulement de satisfaire ses propres besoins. Des valeurs telles que la santé, la nature et la durabilité sont devenues des motifs d'achat importants pour les consommateurs.

Les marques transmettent ces normes et ces valeurs. La consommation devrait être renforcée par des expériences émotionnelles.

Les notions de base de la gestion de marque

De nombreux spécialistes du marketing ont entendu les termes de notoriété, de sympathie ou de fidélité à la marque. Mais que signifient réellement ces termes et, plus important encore, quelle est la relation entre eux ?

La notoriété d'une marque est la condition de base de son succès. Si une marque n'est pas connue, elle n'est pas reconnue et aucune autre association de marques ne peut être établie. Si le client connaît la marque, les associations et les imaginations spécifiques peuvent se construire (Esch F., 2010). La marque est manifestement une heuristique (abréviation mentale) très importante dans la sélection des produits (Felser G., 2015).

Si une marque est ensuite connue du public, les clients peuvent se faire une idée de ce que la marque représente et des valeurs et normes qu'elle incarne. Si les valeurs et les normes correspondent à celles du client, **la sympathie pour la marque** peut se développer. Plus les clients entrent en contact avec les produits et la marque, plus le lien et, par conséquent, la sympathie avec la marque sont forts (Esch F., 2010).

Si ces valeurs et normes ainsi que les exigences relatives aux produits sont respectées, **la satisfaction de la marque** en résultera. La satisfaction ne dépend pas seulement de la performance réelle de la marque mais aussi des exigences des clients.

Si les clients ont des attentes élevées à l'égard d'une marque, il est possible que ces attentes soient trop élevées et ne puissent être satisfaites. Si vous abordez une chose dans la vie avec des attentes, la probabilité d'être déçu augmente aussi automatiquement. Il y a toujours déception lorsque quelque chose se produit qui ne répond pas à l'attente initiale. Il est donc important de donner au client la bonne promesse de bénéfice.

Une expérience de produit qui se révèle pire que prévu réduit la satisfaction. Cette seule constatation n'est pas surprenante. Mais l'effet négatif d'une déception est plus important que l'effet d'une surprise positive. Cependant, si un produit est mieux vécu que prévu, cela n'augmente guère la satisfaction. En cas de déception, une plus grande attention est accordée aux causes (Felser G., 2015, p. 246). Cette recherche de causes conduit à l'effet négatif mentionné. Il faut donc s'assurer que les attentes des produits et des marques sont satisfaites.

Si ces attentes sont régulièrement satisfaites, **la confiance dans la marque** est créée. Le client se fie à la marque et à l'offre de l'entreprise : cela peut inclure de nombreux aspects différents, tels que la qualité, le processus de production, la durabilité. La confiance dans la marque est liée à une fonction de la marque : la confiance réduit le risque d'achat perçu par le client (Chaudhuri & Holbrook, 2001).

Les clients peuvent établir des relations avec leurs marques. Si ces relations sont émotionnelles, on parle de **fidélité à la marque**. Le client est émotionnellement lié à sa marque mais cela ne doit pas nécessairement être lié à l'achat (Chaudhuri & Holbrook, 2001).

L'enthousiasme pour une marque peut aussi naître sans qu'elle soit consommée : les fans de Ferrari ou de Tesla sont nombreux, bien que seuls quelques passionnés de ces marques puissent s'offrir une telle voiture (Esch F., 2010).

La fidélité à la marque, par contre, représente la dimension comportementale de l'achat. La fidélité à la marque exige une utilisation fréquente de la marque. Si la fidélité est élevée, la probabilité que le client utilise la même marque de manière répétée augmente. Cet achat répété peut avoir des causes diverses et ne doit pas nécessairement être lié à un attachement émotionnel (Aaker, Batra, & Myers, 1992 & Esch F., 2010). Peut-être n'y a-t-il tout simplement pas de produits alternatifs, le rapport prix/performance est meilleur avec la marque où l'offre spéciale est très tentante pour le client.

Si vous combinez maintenant la composante comportementale (= fidélité à la marque) avec la composante émotionnelle (= attachement à la marque), vous obtenez la **véritable fidélité à la marque**.

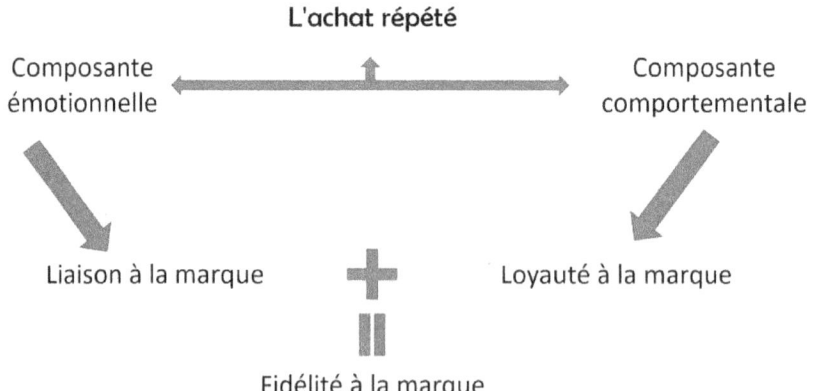

Figure 30 : Véritable fidélité à la marque, illustration personnelle

Aspects économiques de la gestion des marque

D'un point de vue économique, toutes les activités de marque doivent renforcer la valeur de l'entreprise. L'effet orienté sur le plan financier, par exemple l'amélioration du flux de trésorerie, est au premier plan. Une marque contribue à ces objectifs économiques parce que (Esch F.-R., 2003) les clients sont prêts à payer plus pour une marque.

La raison en est la combinaison des concepts de base de la marque : si un client est émotionnellement lié à une marque, il trouve cette dernière attrayante.

Si le client est satisfait de ce que la marque a à offrir et fait preuve d'une grande confiance en elle, ces aspects permettent à l'entreprise de disposer d'une plus grande marge de manœuvre en matière de prix. La demande du client ne diminuera pas immédiatement si le prix de l'offre est plus élevé. Ce phénomène a déjà été décrit avec les fonctions des marques.

Dès que la marque est connue, le premier achat est effectué. Le client acquiert une première expérience avec la marque et peut être satisfait de l'offre. Les achats répétés apparaissent progressivement. Ces derniers conduisent à l'attachement comportemental et émotionnel mentionné ci-dessus. Le capital économique de la marque résulte alors des ventes et des coûts spécifiques de la marque.

Cela ne concerne pas le capital scientifique du comportement. La prise en compte des sciences du comportement est beaucoup plus complète. Si l'on veut déterminer la véritable valeur de la marque, il faut examiner plus que les seuls facteurs économiques et commencer dans l'esprit des clients (Esch F.-R., 2003). Il faut considérer et prendre en compte les termes mentionnés ci-dessus : sympathie pour la marque, fidélité à la marque, confiance à la marque, attachement à la marque, satisfaction à la marque, etc. La véritable valeur d'une marque ne peut être dérivée que de la combinaison du point de vue économique et du point de vue des sciences comportementales (Scharf & et al., 2012).

Le processus de marque

Tout comme les bases de la théorie du marketing, la politique des marques donne également un aperçu des étapes opérationnelles du processus de la marque. Le plan de marketing comprend quatre éléments essentiels : l'analyse, la planification, l'exécution et le contrôle, et décrit donc toutes les tâches ou domaines possibles du marketing (Becker, 2009). Si elle est mise en œuvre de manière optimale, elle peut servir de modèle pour l'ensemble de l'entreprise et donc la rendre plus performante. Ce processus existe non seulement pour la vision globale du marketing mais aussi pour la gestion de la marque.

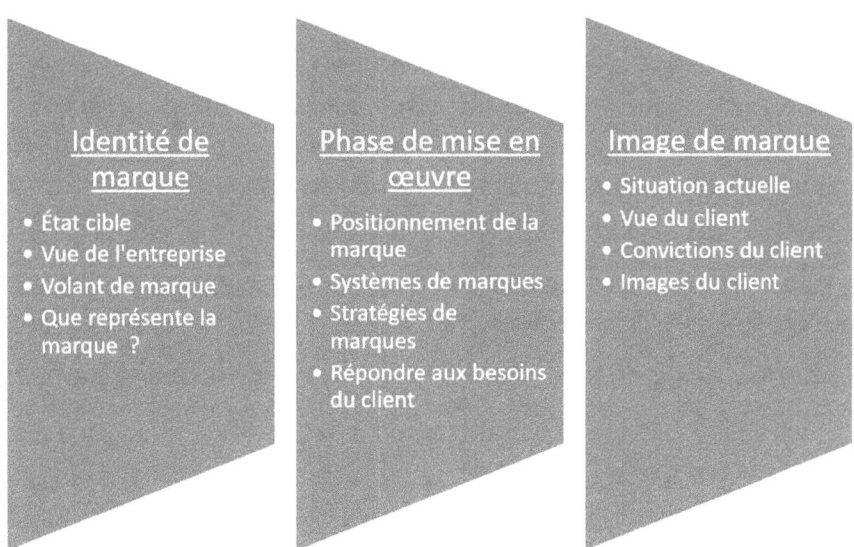

Figure 31: Le processus de marque, illustration personnelle, Source : (cf. Scharf & et al., 2012)

Au début du processus de valorisation de la marque, on examine le point de vue de l'entreprise. Que veut l'entreprise ? Comment l'entreprise veut-elle être perçue par le client ? Les valeurs et les normes sont formulées sur la base de ces questions. Ce domaine du processus de marque est appelé identité de marque.

Sur la base de ces critères et de l'état cible de l'entreprise, des stratégies de marque sont ensuite élaborées, qui impliquent entre autres des mesures de mise en œuvre concrètes : Comment les objectifs peuvent-ils être mis en œuvre ? Comment la marque et les produits peuvent-ils être conçus (marquage) ? Comment la marque peut-elle être étendue ?

Enfin, nous examinons si cette mise en œuvre a été un succès. L'image de marque décrit ensuite l'opinion du client sur l'entreprise. Le client a construit de nombreuses associations avec la marque qui correspondent au mieux à l'image cible.

L'objectif de l'ensemble du processus et donc de la gestion de la marque sera de faire en sorte que le point de vue du client (l'image réelle) corresponde à celui de la gestion de l'entreprise (l'image cible).

L'identité de marque

L'identité de la marque décrit la façon dont l'entreprise se perçoit :

- Que doit représenter la marque ?
- Que représente l'entreprise ?
- Quelles sont les caractéristiques de la marque ?
- Quelles associations le client doit-il créer ?

L'entrepreneur ou le responsable de la marque décrit l'image souhaitée. L'identité d'une marque comprend les éléments essentiels et caractéristiques d'une marque, qui sont formulés par les managers de la marque (Esch F.-R., 2003 & Aaker D.A., 1996).

Les aspects émotionnels des achats répétés jouent un rôle particulièrement important dans l'identité de la marque. Les marques fortes sont des images profondément ancrées dans l'esprit des clients qui évoquent des émotions positives (Esch F.-R., 2003).

L'impression générale de la marque n'est pas seulement la somme des associations individuelles mais la somme de toutes les impressions et associations que le client a accumulées avec la marque. L'impression générale est plus que la somme de ses parties (Felser, 2015).

Le volant de la marque

Pour décrire et rechercher une identité de marque appropriée, le gestionnaire de marque peut utiliser le volant de marque développé par Icon brand navigation et poursuivi par Esch (Esch F.-R., 2003). Le volant de la marque se compose de cinq parties : le noyau de la marque, l'avantage de la marque, les attributs de la marque, la tonalité de la marque et l'image de la marque.

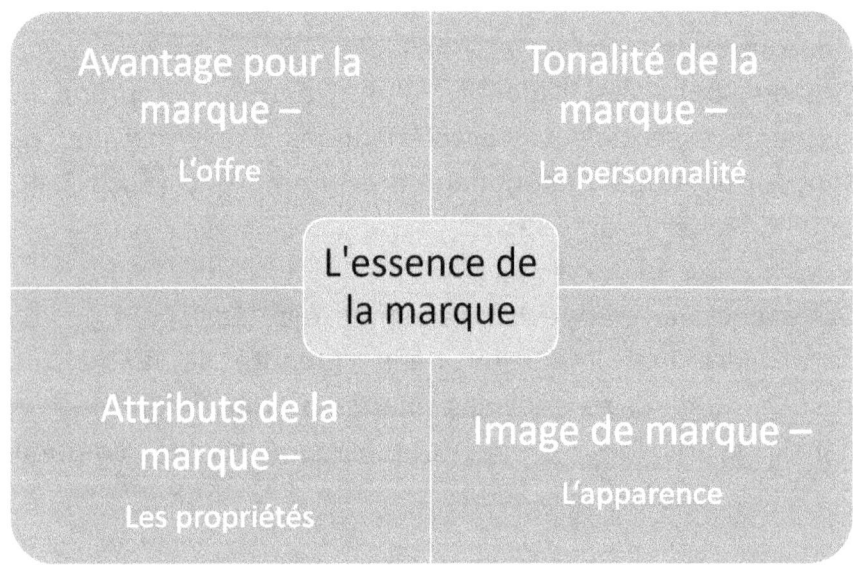

Figure 32 : Le volant de marque, illustration personnelle, Source : (cf. Esch, 2012, S. 102)

Fondamentalement, le volant de la marque peut être divisé en facteurs durs et doux. Sur le côté gauche se trouvent les faits concrets et les caractéristiques qui peuvent être objectivement décrits et enregistrés. Sur la droite se trouvent les facteurs doux, qui sont très subjectifs et chargés d'émotion (Esch F. R., 2003).

1. Le noyau de la marque

Qu'est-ce qui fait la marque ? Pourquoi la marque existe-t-elle ? L'essence de la marque doit être expliquée brièvement et de façon concise en quelques mots ou phrases.
Cela comprend l'histoire de la marque, son origine, sa compétence et la déclaration centrale sur la marque (Scharf & et al., 2012).

Exemple : La société Bionade propose des boissons non alcoolisées. Le noyau de la marque est constitué de :
- L'histoire de la marque : Bionade est sur le marché depuis 1960 ;
- L'origine de la marque : made in Germany ;
- L'atout central de la marque : les procédés de fabrication brevetés (Bionade, 2019) ;
- Le rôle sur le marché : 6,3 % de part de marché de la limonade en Allemagne en 2009 (Nielsen, 2009).

2. L'avantage de la marque

De la politique des produits à la commercialisation, la classification de l'avantage global en avantages de base et avantages supplémentaires est déjà connue (Ville moyenne, 2019).

L'avantage de base est le même pour de nombreux produits et peut difficilement être modifié par la gestion de la marque. Avant tout, la marque avec ses images et ses associations (émotionnelles) a une influence sur le bénéfice supplémentaire particulièrement important et peut ainsi créer un avantage concurrentiel (Scharf & et al., 2012).

Exemple : Chaque voiture emmène un conducteur de A à B. Un facteur de différenciation important est la marque de la voiture car de nombreux clients associent certains avantages à certaines marques de voiture. Une marque peut être synonyme de plus de sécurité et de confort, une autre de plaisir de conduite et de vitesse. C'est ainsi que les préférences des clients peuvent se développer. Chaque client préfère la marque de voiture qui correspond à ses valeurs et à ses normes.

La proposition de valeur pour le client peut être classée selon différents critères, comme pour la politique des produits : les avantages de la marque peuvent être fonctionnels, sociaux ou émotionnels (Mittelstaedt, 2019).

Exemple : La marque Bionade se caractérise par sa production régionale et durable (valeur ajoutée psychosociale). Grâce à la loi sur la pureté annoncée, les boissons rafraîchissantes devraient être particulièrement saines, étancher la soif et avoir un goût rafraîchissant (avantage fonctionnel supplémentaire).

3. Les attributs de la marque

Afin d'établir la confiance avec le client, les attributs de la marque doivent garantir que le client croit l'offre de l'entreprise. Ces attributs sont la preuve que le client doit croire la proposition de valeur de l'entreprise (Scharf & et al., 2012). Les clients considèrent un produit comme un ensemble complet d'avantages : "Les gens ne veulent pas acheter une perceuse d'un quart de pouce, ils veulent un trou d'un quart de pouce. - Theodore Levitt (Christensen, 2003, p. 99).

Les attributs sont là pour justifier et prouver le bénéfice. Ces attributs peuvent concerner l'ensemble de l'entreprise, les produits ou la marque.

Exemple : Chez Bionade, il y a les attributs de l'entreprise et du produit qui sont censés renforcer la confiance des clients dans la qualité des boissons :
- La tradition familiale ;
- Le slogan "Made in Germany" ;
- L'engagement social régional ;
- Les propriétés liées au produit, par exemple les arômes spéciaux ou le processus de fermentation.

4. La tonalité de la marque (la personnalité de la marque)

La tonalité de la marque représente la personnalité d'une marque. Les marques peuvent être décrites avec les traits de personnalité humains (Aaker J. L., 2001). La tonalité de la marque détermine les sentiments et les émotions déclenchés chez le consommateur.

Comme déjà décrit pour les fonctions d'une marque, une marque est un objet d'identification pour le consommateur. Le client se reconnaît et peut exprimer son image de soi, ses propres attitudes et traits de personnalité avec la marque.

C'est là que le cercle se referme en termes de valeur ajoutée : les avantages supplémentaires sur le plan émotionnel et social soutiennent l'image de soi de la marque et aident le client à établir une relation avec la marque.

Exemple : La relation avec la marque Bionade a été décrite dans une enquête distincte, non représentative et non publiée comme une connaissance fugace (x5) ou un bon copain (x4), par exemple.

De plus, la marque Bionade était associée à certains traits de personnalité :

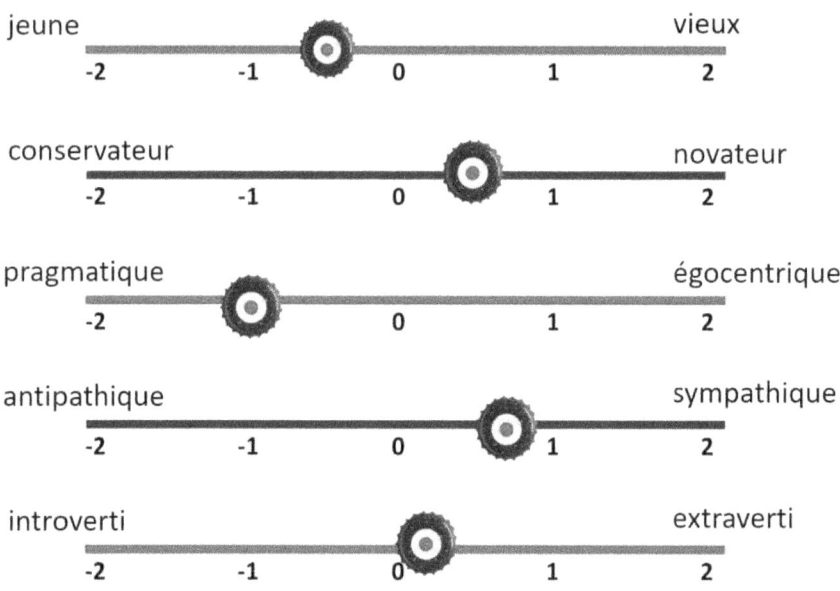

Figure 33 : Traits de personnalité de la marque Bionade ; Enquête personnelle, non représentative et non publiée. Le logo a été aimablement fourni par Bionade GmbH.

Ensuite, le responsable de la marque peut essayer de construire des images de marque appropriées en utilisant le système de motifs du consommateur.

Le système de motifs

L'application du système de motifs consiste à lier la psychologie des affaires à la gestion de la marque. Le système de motifs humains et le traitement de l'information jouent un rôle important dans les décisions (d'achat).

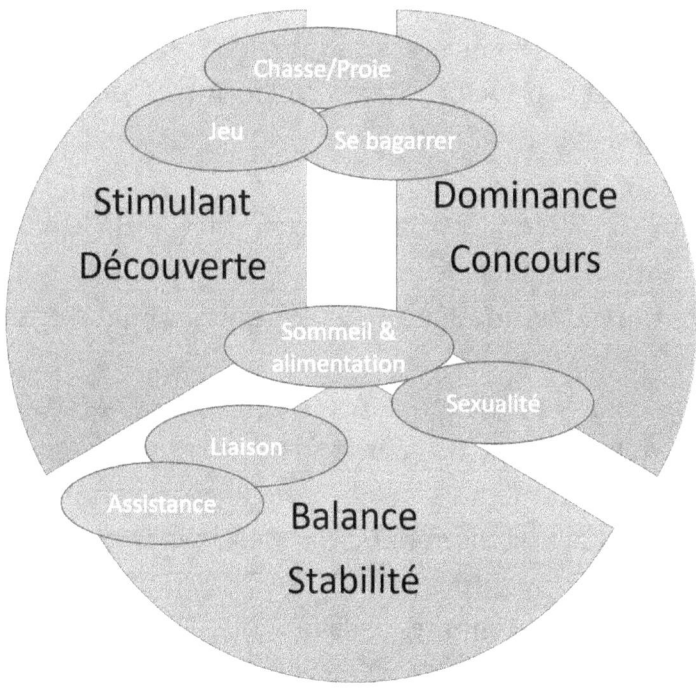

Figure 34 : Le système de motifs de Häusel, 2007, illustration personnelle

Les motifs sont souvent la cause subconsciente d'une action. Les gens sont motivés pour satisfaire des besoins différents. Ces motivations peuvent être appelées des motifs (Scharf & et al., 2012).

Il existe différents modèles pour présenter et décrire clairement ces différents motifs.

L'idée de base est que les humains essaieront toujours de se maintenir en vie, ainsi que leur espèce. On peut donc dire que la survie est le motif humain le plus fort.

Une autre possibilité est la double division des motifs. On distingue ici si les motifs sont liés au plaisir ou à la douleur. La personne veut s'éloigner de quelque chose (rejet) ou se rapprocher de quelque chose (affection). Au fond, le client veut éviter la douleur et gagner du plaisir, ce qui est également un principe dans la formule de valeur du marketing.

La troisième façon, et la plus complète, de décrire les motifs est la LimbicMap de Hans-Georg Häusel, qui décrit tout un espace de motifs avec différentes dimensions.

Les dimensions consistent en un équilibre, une stimulation et une domination. De ces trois motifs peuvent encore résulter des combinaisons : équilibre + stimulation = plaisir, équilibre + dominance = discipline, dominance + stimulation = aventure (Häusel, 2007). Pourquoi cette théorie est-elle pertinente pour le marketing ?

Les clients ne vont pas faire des courses pour acheter un produit. Ils veulent satisfaire un besoin, derrière lequel il y a un motif approprié. Chaque décision d'achat est également motivée. Connaître les motivations du client et être capable de répondre à ces attentes crée une valeur ajoutée qui peut augmenter la probabilité d'acheter. Par conséquent, le processus de marque (et en particulier les attributs de la marque) doit être orienté vers le groupe cible et ses motifs doivent être pris en compte.

Aucun objectif explicite conscient (par exemple, l'achat d'une voiture) ne peut se passer d'un objectif implicite (par exemple, le plaisir de conduire). Si vous achetez un déodorant, vous voulez seulement sentir bon et éviter la transpiration (explicitement). Cependant, inconsciemment et à partir du système de motivation, le client peut vouloir acquérir plus de confiance en soi (implicitement).

La recherche des bons motifs se fait à l'aide de ce que l'on appelle des codes (signaux). Les codes sont des symboles, des signaux ou d'autres perceptions sensorielles qui établissent le lien entre la marque et les motivations du client. Les codes attribuent à la marque ou au produit des significations conscientes et inconscientes pertinentes et augmentent ainsi la valeur du produit (Scharf & et al., 2012).

Par exemple, de nombreuses décisions d'achat ne sont prises que sur le point de vente. Ici, la conception du produit peut constituer une grande partie de la décision d'achat proprement dite. Les signaux sensoriels font partie de ces codes : la couleur, l'odeur, le son ou le toucher du produit peuvent répondre à certains motifs. Un exemple serait la couleur noire qui est associée à la noblesse et à la haute qualité (Hartmann & Haupt, 2016).

Ainsi, si vous avez un produit à prix élevé et que vous voulez faire appel au motif de plaisir du groupe cible, par exemple, il est conseillé d'utiliser la couleur noire. Ce n'est qu'une des innombrables possibilités d'améliorer la marque avec l'aide de la psychologie des affaires.

Figure 35 : Utilisation du noir pour les produits haut de gamme (Scheier, Bayas-Linke, & Schneider, 2011, pp. 54-55), illustration personnelle.

Conseil : Pour le client, l'avantage fondamental du produit réel est rarement la raison de l'achat, mais les motifs sous-jacents jouent un rôle plus important. La raison réelle de l'achat est-elle pour le consommateur de montrer son statut (motif de domination) ? Ou peut-être plutôt pour protéger l'environnement (motif d'équilibre) ? Quel motif est particulièrement important pour le groupe cible ?
Les motifs peuvent être abordés et activés par l'image de marque. Ainsi, le système de motifs et l'image de marque sont liés l'un à l'autre.

5. L'image de marque

L'image de marque formule des règles de conception claires pour la marque. Cette section comporte trois volets : le logo, le nom et le design de l'emballage ou du produit. Ces éléments sont également très importants pour ce qu'on appelle le " marquage ", qui est expliqué dans un autre chapitre.

Les sens du corps humain jouent un rôle dans la perception de la marque : les couleurs, les sons, les goûts, les odeurs et le sens du toucher conduisent à une perception multi-sensorielle de la marque. L'image de marque conduit, grâce à un design cohérent, à la reconnaissance et à la notoriété de la marque, entre autres (Esch F., 2010).

Exemple : L'image de marque de la marque Bionade est caractérisée par le design reconnaissable de la bouteille, le logo, le nom et le goût naturel et légèrement sucré.

Conseil : Le volant de la marque vous permet de constater l'importance des liens dans la gestion de la marque. Les différents domaines du volant de la marque s'influencent mutuellement. Les attributs de la marque servent de "preuve" au profit de la marque. Le client voit avant tout les propriétés bénéfiques du produit dans les discussions commerciales, mais les attributs de la marque peuvent également être importants car ils constituent des arguments de poids pour convaincre le client et le persuader ainsi d'acheter le produit.

La personnalité de la marque aide le gestionnaire de la marque à accumuler des avantages supplémentaires sur le plan émotionnel. Enfin et surtout, les attributs de la marque peuvent être mis en œuvre de manière multi-sensorielle dans l'image de marque.

Le système de motifs joue un rôle majeur dans la mise en œuvre de la personnalité de la marque dans l'image de marque car il rend la personnalité de la marque perceptible et tangible pour le client. Ainsi, le cercle se referme sur le volant de la marque.

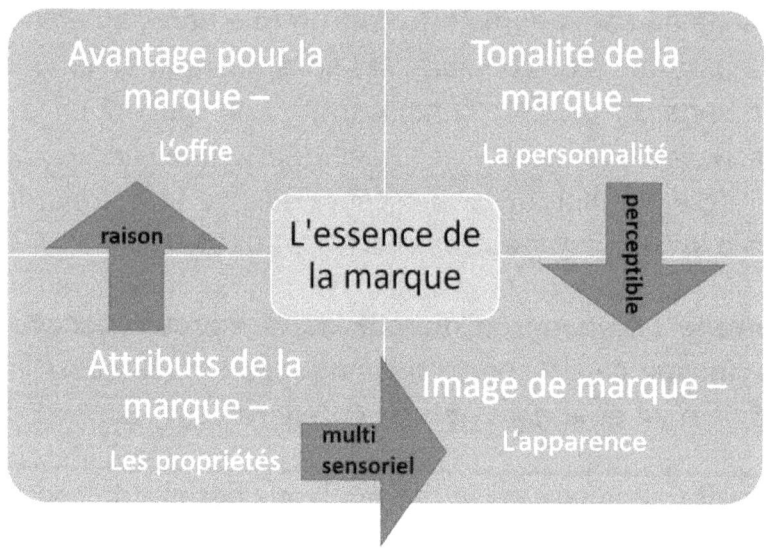

Figure 36 : Relations dans le volant de la marque, Illustration personnelle

La phase de mise en œuvre de la politique des marques

La phase de mise en œuvre s'appuie sur l'identité de la marque. Dans cette phase, on tente de mettre en œuvre les spécifications du volant de la marque. L'objectif est de faire correspondre l'identité de la marque (cible) à l'image de marque (réelle) en choisissant les bonnes stratégies. Cette phase de mise en œuvre comprend également des mesures opérationnelles : Comment gérer les marques au quotidien ? Ici aussi, l'objectif est de construire des associations de marques et des images uniques, pertinentes et rapidement accessibles dans l'esprit du consommateur. Cette phase comprend le positionnement de la marque, les systèmes de marque et les stratégies de marque.

Le positionnement de la marque

Le positionnement de la marque doit se concentrer sur les caractéristiques qui permettent de s'adresser correctement aux clients et de différencier la marque des autres marques comparables (Scharf & et al., 2012). Ces caractéristiques doivent répondre aux besoins du client. Il est logique de se concentrer sur quelques caractéristiques pertinentes qui devraient représenter la marque. Ce positionnement doit permettre de façonner activement la position d'une marque sur le marché concerné.

Cette position sur le marché doit toujours être considérée de manière relative. Par rapport à la concurrence, à certaines caractéristiques ou aux images dans l'esprit des clients.

Avec un positionnement clair, les clients associent des images et des associations claires (Scharf & et al., 2012). Ainsi, une mise en œuvre réussie du positionnement dépend en partie de la vision subjective du client.

L'une de ces variables subjectives s'appelle l'implication. Elle décrit le degré d'intérêt d'un client pour la marque et la profondeur de son engagement dans l'information sur la marque (Felser, 2015).

Kroeber-Riel décrit l'implication comme : "La participation intérieure, l'engagement avec lequel les consommateurs se tournent vers la communication" et comme : "L'ego-participation ou l'engagement associé à un comportement, par exemple la participation intérieure avec laquelle quelqu'un prend une décision d'achat." (Kroeber-Riel, 2003, p. 92 et 175).

La grande majorité des consommateurs (environ 90 %) ont un faible niveau d'implication (Lachmann, 2002, p. 46).

Avec une forte implication, le client a un grand intérêt pour l'information. Le client est prêt à accepter un effort relativement important pour en savoir plus sur les produits et la marque. La confiance et la sympathie envers la marque jouent ici un rôle majeur. En revanche, avec une faible implication, il ne sera guère intéressé par le message publicitaire et la promesse de la marque. Il faut ensuite activer le client sur le stand de vente ou dans la publicité (call-to-action) et l'encourager à acheter (Esch F., 2003). L'activation de la publicité permettrait au moins d'accroître la notoriété de la marque auprès des consommateurs.

À quoi ressemble exactement un tel positionnement de marque ?

Les stratégies de marque doivent permettre de mettre en œuvre efficacement les spécifications cibles de l'identité de la marque. Cette mise en œuvre peut être visualisée à l'aide d'un modèle de positionnement, dans lequel l'opinion du client individuel sur l'entreprise et la comparaison avec la concurrence sont pertinents. Les axes du modèle de positionnement peuvent être étiquetés de nombreuses façons différentes. Chaque entreprise représente des avantages de base ou supplémentaires très spécifiques et se positionne en conséquence.

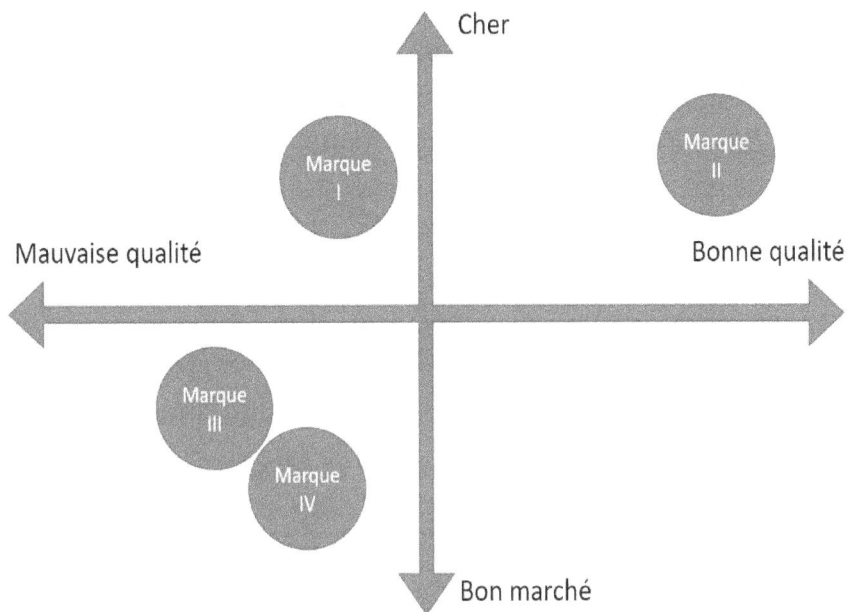

Figure 37 : Le modèle de positionnement, illustration personnelle,
Source : cf. Trommsdorff, 1992 & Kroeber-Riel, 1992 & Esch F.-R., 2003

Quatre stratégies pour le commercialisateur sont dérivées de ces modèles de positionnement (von Rosenstiel & Kirsch, 1996, pp. 177-178) :

- Les caractéristiques particulières du produit doivent être soulignées dans la publicité.
- Ces particularités doivent être perceptibles et pertinentes pour le client.
- L'offre de produits doit se démarquer de celle de la concurrence.
- Le commercialisateur doit poursuivre une stratégie de marque claire et à long terme.

Le produit doit être distinctif et se démarquer de la concurrence. L'USP (Unique Selling Proposition) doit être clairement communiquée au client. Le produit doit être positionné sur une niche prospère et être chargé positivement par des émotions (Neumann, 2013, p. 188).

Il est important qu'une entreprise couvre avec sa marque un secteur du marché concerné, qui, au mieux, n'est occupé que par elle-même. En d'autres termes, vous représentez une caractéristique unique qu'aucune autre marque ne possède. En termes de positionnement, l'objectif est de creuser un fossé décrit ci-dessus afin de le différencier de la concurrence. Le client doit savoir exactement ce que l'entreprise représente et pourquoi il achète ses produits.

Exemple : La marque Apple est un exemple positif. Cette marque a réussi à créer des associations uniques et à couvrir une zone du marché qui leur appartient principalement (smartphones de luxe). En outre, le nom, le logo et les produits d'Apple sont fortement associés. Il suffit de penser un instant au logo Apple. Vous penserez immédiatement à certaines associations et images imaginaires, par exemple la créativité, l'appartenance à un groupe, la qualité ou le design.

Malheureusement, il existe aussi suffisamment de marques interchangeables : avec certains produits du secteur de la mode, vous pouvez échanger la marque à volonté sans remarquer de différence.

Les conseils de mise en œuvre pour le positionnement sont : (Esch F.-R., 2003)

- Il faut garder à l'esprit le point de vue subjectif du client.
- Le positionnement doit être congruent avec les autres stratégies de marque et l'identité de la marque.
- Le positionnement doit permettre de différencier la marque de la concurrence.
- Les stratégies de marque sont des décisions à long terme, c'est pourquoi leur mise en œuvre devrait également s'étaler sur une période plus longue.
- Il faut creuser un fossé approprié et trouver une niche (voir modèle de positionnement).

En outre, il est important de se concentrer sur quelques caractéristiques pertinentes :

Le processus de marque avec le positionnement en tant que sous-domaine devrait être un modèle pour l'ensemble de l'entreprise. Comment formuler une déclaration de mission lorsque le positionnement de la marque, et donc la marque, représente de nombreux aspects et caractéristiques différents ?

Seules quelques caractéristiques pertinentes permettent de créer une directive claire. Avec de nombreux positionnements, l'entreprise a également plus de concurrents en même temps (Esch F.-R., 2003).

Le fait de ne pas faire de publicité active pour certains éléments et de se concentrer sur quelques éléments ne signifie pas que l'élément non annoncé n'est pas présent.

De nombreuses entreprises revendiquent des caractéristiques similaires et veulent construire des associations comparables dans l'esprit de leurs clients. Cela rend la concurrence commerciale plus intense et plus coûteuse. Il est important que la marque représente des images claires et ne soit pas très floue car elle représente trop de caractéristiques différentes. La politique de communication doit être en accord avec l'image de marque et le positionnement.

Une telle interaction entre la marque, le positionnement et la politique de communication est également appelée "brand fit" (Esch F., 2003).

Les systèmes de marques

Les systèmes de marques sont principalement axés sur une question : Combien de produits différents devraient être proposés sous une même marque ? Différentes décisions stratégiques peuvent être prises pour une attribution étroite, moyenne et large des produits aux marques. Les systèmes de marques (chez Esch, 2003, Stratégie de marque) se composent donc de marques individuelles, de marques familiales et de marques ombrelles. Chaque système de marque présente des avantages et des inconvénients différents. Les systèmes de marque sont importants lors de l'introduction de nouveaux produits et peuvent restructurer les stratégies de marque existantes.

Afin d'utiliser le bon système de marque, il est important de prendre en compte le domaine de compétence de l'entreprise, les besoins du groupe cible et les structures concurrentielles (voir Scharf & et al., 2012 & Esch F.-R., 2003).

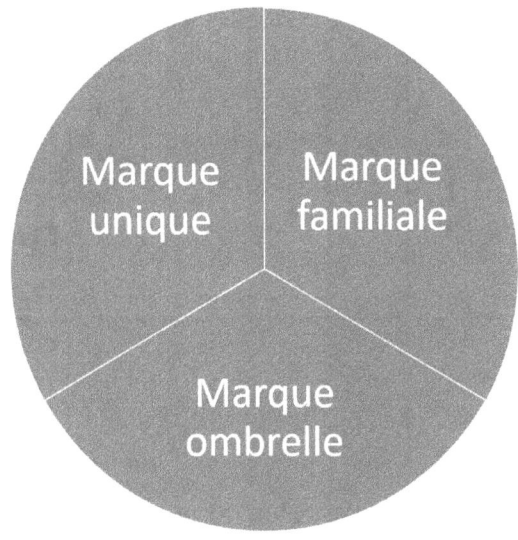

Figure 38 : Les systèmes de marques, illustration personnelle

La marque unique

Une marque distincte est développée pour chaque produit ou groupe de produits d'un fournisseur. Il s'agit de l'utilisation d'une marque pour un produit ayant exactement une promesse de bénéfice. Ce système est particulièrement utile si une entreprise ayant de nombreux produits hétérogènes s'adresse à de nombreux segments différents (Scharf & et al., 2012).

Le fabricant ou la grande entreprise responsable du produit avec la marque associée passe au second plan.

Le fait que la marque individuelle se réfère à un produit spécial pour un groupe de clients spécifique signifie qu'un positionnement précis peut être atteint.

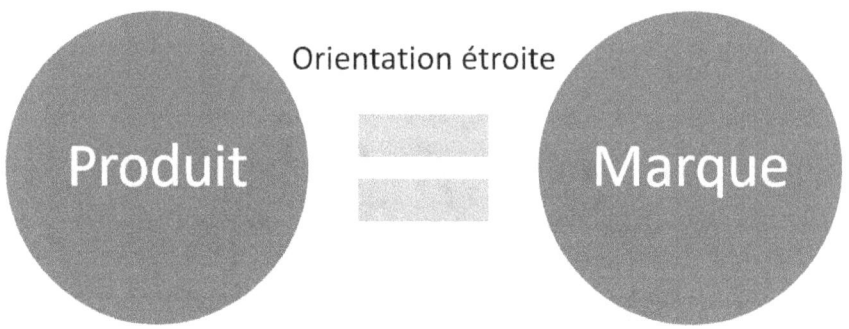

Figure 39 : La marque unique, illustration personnelle

<u>Les avantages de la marque unique :</u> (cf. Scharf & et al., 2012. p. 268)

Une spécialisation sur certains aspects de la gestion de la marque est parfaitement possible avec la marque unique. Une fois que certains segments ou niches ont été trouvés pour l'entreprise, il est possible d'y répondre de manière optimale avec une seule marque.

Si vous souhaitez couvrir plusieurs niches ou segments, vous pouvez utiliser différentes marques individuelles. Cette définition précise du groupe cible place le client au centre et le marketing peut se faire de manière orientée vers le marché (et donc vers le client). La marque unique est très flexible dans son application car une marque ne se réfère qu'à un seul produit, de sorte que les décisions stratégiques n'affectent que cette identité de marque individuelle.

<u>Les désavantages de la marque unique :</u> (cf. Scharf & et al., 2012. p. 268)

Un désavantage est l'effort opérationnel considérable. Les dépenses se rapportent non seulement aux coûts de marketing, qui sont supportés par la seule marque unique, mais aussi au temps nécessaire. Avec la marque unique, le produit doit être annoncé, conçu et traité individuellement.

Dans la pratique, cela signifie qu'un service ne peut s'occuper que de ce produit individuel et de sa marque. Le marketing mix et la gestion de la marque ne concernent que ce seul produit et les coûts sont plus élevés car la publicité doit être conçue individuellement pour le produit. Le segment sélectionné doit être suffisamment important pour que cet effort plus élevé en vaille la peine. En raison du positionnement de niche, il est possible que vous ne couvriez qu'une partie d'un marché total. Si ce marché est trop petit ou si le pouvoir d'achat du groupe cible est trop faible, l'effort supplémentaire d'une seule marque n'en vaut peut-être pas la peine.

En outre, une marque ne peut pas bénéficier d'autres marques de l'entreprise. L'objectif d'une marque unique est que le produit et la marque soient perçus comme une offre indépendante.

Exemple : Le groupe Ferrero est la marque ombrelle et la plus grande entreprise qui veut couvrir le marché des sucreries, du chocolat, etc. Nutella est la marque unique, spécialisée dans la famille et la tradition. La publicité montre généralement une situation familiale classique au petit-déjeuner.

Le bénéfice supplémentaire pourrait être les émotions positives, comme la sécurité et le bonheur familial.

Kinder en tant que marque individuelle se positionne, comme son nom l'indique, auprès des enfants. Si les parents veulent rendre leurs enfants heureux, ils achètent une barre de Kinder pour enfants ou un œuf surprise.

Raffaello ou Ferrero Rocher tentent de se positionner sur le marché par la qualité. Ces deux marques individuelles servent plus comme un cadeau ou pour ce moment spécial / plaisir.

Avec toutes ces marques uniques, l'entreprise alimentaire Ferrero passe au second plan. Pour le consommateur "normal", il n'est pas évident de savoir quelle entreprise est derrière les différentes marques car celles-ci sont perçues comme indépendantes.

La marque familiale

Dans le cas de la marque familiale, une seule marque est choisie pour plusieurs produits. Par exemple, les produits sont classés en fonction de leur utilisation prévue et combinés en une marque familiale (Scharf & et al., 2012). L'entreprise reste à l'arrière-plan. L'objectif est d'établir une identité de marque uniforme pour tous les produits de la marque familiale. La marque familiale se subdivise en marque unique et en marque ombrelle et combine divers aspects des deux systèmes de marque.

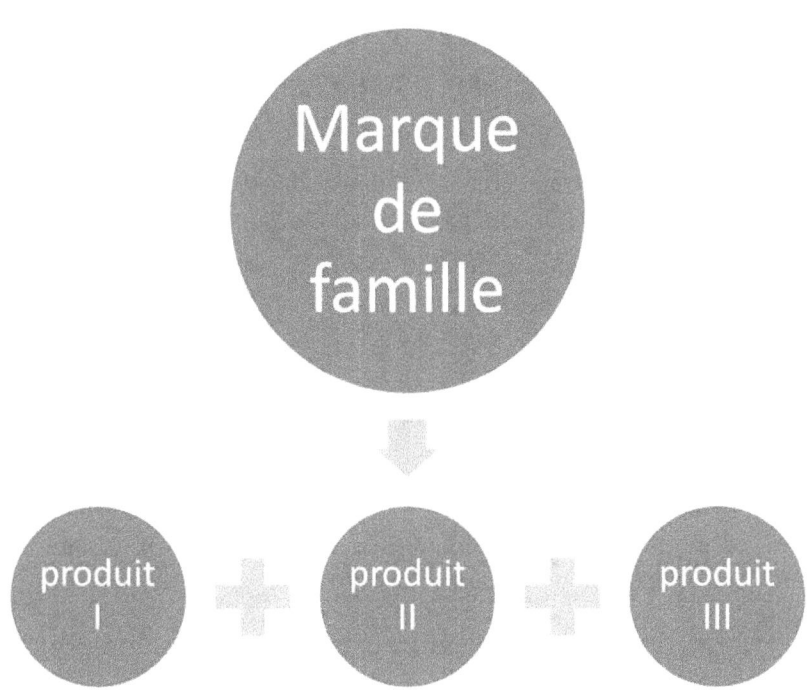

Figure 40 : La marque familiale,
Illustration personnelle

Les avantages de la marque familiale : (voir Scharf & et al., 2012. p. 269)

L'un des avantages est une meilleure répartition des coûts. Les coûts de marketing ne dépendent plus d'un seul produit mais sont répartis sur plusieurs produits individuels. Comme plusieurs produits sont mis sur le marché, des effets de synergie peuvent se produire : d'une part, des biens complémentaires ou d'autres groupes composites peuvent créer un lien avec la demande, et d'autre part, les caractéristiques positives des produits peuvent être transférées aux autres produits de la marque familiale.

Si un nouveau produit est ajouté à la gamme, il peut bénéficier directement de l'image de marque précédente pour le client. La phase de lancement du produit peut ainsi être raccourcie et facilitée. Plusieurs produits de la marque peuvent s'adresser à un groupe cible plus large. Le risque de marque est ainsi réduit, puisque plusieurs lignes de produits sont responsables du succès de la marque.

<u>Désavantages de la marque familiale :</u> (voir Scharf & et al., 2012. p. 269)

Le fait que plusieurs produits appartiennent à une même marque peut également entraîner des effets négatifs au lieu d'effets de synergie positifs : en cas de scandale impliquant un seul produit du portefeuille, tous les produits de la marque subissent un préjudice d'image. Le positionnement et l'identité de la marque ne sont pas si faciles à trouver pour plusieurs produits différents :

Plus le groupe cible et la gamme de produits sont larges, plus il devient difficile de trouver une stratégie commune pour tous les produits de la marque familiale. Si la marque est trop étendue et s'éloigne de son cœur, le client ne sait finalement plus ce que la marque représente. Le commercialisateur est moins flexible dans ses décisions opérationnelles et stratégiques avec plusieurs produits qui sont combinés pour former une marque.

Exemple : Entre autres choses, Nestlé utilise le système de marque familiale pour Maggi. La marque Maggi propose au consommateur un portefeuille d'épices et d'exhausteurs de goût différents. La marque familiale se compose donc de plusieurs lignes de produits.

Nestlé a réussi à lancer de nombreuses marques familiales indépendantes qui ne sont pas associées à l'entreprise alimentaire. Le fait que Nestlé possède tant de marques familiales signifie que le risque commercial est assez faible et que le portefeuille de marques est diversifié.

La marque ombrelle

Parmi les trois stratégies de marque, la marque ombrelle est l'approche la plus générale et la plus complète. Tous les produits d'une entreprise sont gérés sous une marque uniforme (Scharf & et al., 2012). L'ensemble de la gamme de produits est regroupé dans une seule stratégie.

L'entreprise elle-même se concentre car elle regroupe tous les produits sous sa propre marque et sa marque ombrelle. Ce système convient souvent à des groupes opérant à l'échelle mondiale, comme le groupe Volkswagen. Dans la plupart des cas, on utilise non seulement une stratégie de marque ombrelle, mais aussi une marque unique et/ou une marque ombrelle.

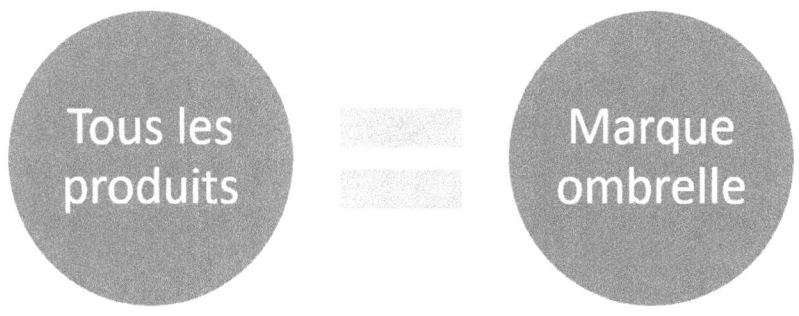

Figure 41: La marque ombrelle, illustration personnelle

<u>Les avantages de la marque ombrelle :</u> (voir Scharf & et al., 2012. p. 270)

Les avantages résident clairement dans les frais opérationnels : comme tous les produits sont regroupés sous une seule marque, le marketing doit également être mis en œuvre pour une seule marque.

Tous les frais de marketing encourus peuvent être répartis sur l'ensemble du portefeuille. En outre, il est relativement facile d'introduire de nouveaux produits, car les innovations peuvent être facilement intégrées entre les produits existants. Si un produit tombe en dessous de l'ensemble de la gamme, le risque financier est maintenu dans des limites. Le succès d'une marque vous donne l'occasion de construire une marque globale qui fonctionne et est reconnue dans le monde entier.

<u>Les désavantages de la marque ombrelle :</u> (voir Scharf & et al., 2012. p. 270)

Il est très difficile de se positionner avec une marque supérieure et une gamme de produits polyvalente. Le consommateur peut ne pas être pleinement conscient de ce que la marque représente et de ce qu'elle est censée représenter. Les particularités des différents produits ne peuvent pas être prises en compte. Il se peut que la marque ombrelle ne puisse pas se concentrer (se positionner) sur un groupe cible spécifique, ce qui augmente également la pression concurrentielle.

Comme pour la marque familiale, de nombreux effets de transfert sont possibles : en cas de scandale, cela affecterait immédiatement toute la gamme de produits et l'image de marque de toute l'entreprise en souffrirait. La coordination du département marketing avec les produits associés est très rigide. Concevoir le marketing (avec le marketing mix) pour la gamme de produits composée de différents assortiments s'avère être un défi.

Exemple : L'entreprise Henkel est non seulement largement positionnée grâce à son portefeuille de produits, mais elle est également active sur les marchés B2B et B2C. Henkel propose divers produits, par exemple des adhésifs, des détergents ou des shampoings, qui sont regroupés sous différentes marques familiales ou uniques. La gamme de produits est donc très largement diversifiée.

L'exemple de Henkel illustre également que le choix du système de marque n'est pas une décision "ou/ou", mais qu'une combinaison de différents systèmes de marque est possible. Une fois qu'une entreprise a un portefeuille de produits, elle possède généralement au moins une marque individuelle et une marque ombrelle. Les systèmes ne peuvent pas être considérés séparément, il faut viser une combinaison de systèmes de marques.

Figure 42 : Exemple pratique d'une marque ombrelle, aimablement fourni par Henkel AG & KGaA

Les stratégies de marque

Les stratégies de marque (chez Esch, 2003, Systèmes de marque) s'appuient directement sur les systèmes de marque (marque individuelle, familiale et parapluie). Ensemble, ils forment la base d'une politique de marque stratégique et offrent des options de croissance stratégiques avec de nouvelles marques ou de nouveaux produits. Le portefeuille de marques existant peut être modifié par l'extension, la restructuration ou la réduction du portefeuille de marques (Scharf & et al., 2012).

Tout comme la matrice produit-marché d'Ansoff (Ansoff, 1965) qui décrit comment devenir actif sur les marchés respectifs avec des produits nouveaux ou existants, une telle vue d'ensemble existe également pour la gestion des marques. La classification se réfère donc à l'existence de marques ou de produits déjà existants (Hombourg, 2012).

	Ancienne marque	Nouveau nom de marque
Catégorie précédente de produits	Extension de la gamme de produits	Marque de référence
Nouvelle catégorie de produits	Expansion de la marque	Nouvelle marque

Figure 43 : Les stratégies de marque, illustration personnelle, Source : (cf. Hombourg, 2012, p. 623)

1.) L'extension de la gamme de produits

Dans cette stratégie, seules les propriétés des produits existants sont modifiées. Par exemple, vous pouvez modifier la conception, le goût ou l'emballage d'un produit. Tout cela se fait sous la protection de la marque existante (Scharf & et al., 2012).

La part de marché doit être augmentée par la large gamme de produits. La mise en œuvre est relativement simple, car il n'est pas nécessaire de réfléchir à une nouvelle marque ou catégorie de produits.

Il est moins coûteux de modifier un produit que de développer une nouvelle marque. En outre, les consommateurs connaissent déjà le produit et la marque et sont plus disposés à essayer de nouveaux changements, par exemple en matière de goût. Cela signifie que les clients peuvent être plus fortement liés par l'extension de la gamme de produits et que de nouveaux clients peuvent également être gagnés (Scharf & et al., 2012).

L'extension de la gamme de produits devient un inconvénient si les différentes variantes de produits se privent mutuellement de clients et de parts de marché (Effet de cannibalisation, p. 50). Dans le cas de modifications de la présentation, il faut veiller à ce que la modification du produit puisse toujours être attribuée à la marque et que l'identité de la marque ne soit pas diluée. Le client doit donc continuer à savoir exactement ce qu'est la marque et être en mesure d'attribuer le produit modifié à la marque précédente (Scharf & et al., 2012).

Exemple : De nombreux fabricants de boissons utilisent l'extension de la gamme de produits pour proposer différentes saveurs pour leurs boissons ou pour offrir les boissons dans des emballages de différentes tailles, comme les canettes, les bouteilles individuelles et les packs de 6.

2.) L'extension de la marque

Dans le cas d'une expansion de la marque (comme dans le cas d'une expansion de la gamme de produits), la marque reste la même. Cette fois, la gamme de produits sera élargie par une toute nouvelle catégorie de produits. Toutefois, le consommateur devrait toujours pouvoir attribuer les produits à la marque.

Avec cette stratégie de marque, les clients ont déjà une référence à la marque et un transfert d'image positif ou négatif pourrait avoir lieu : l'avis sur un produit est transféré à un nouveau produit de la marque (voir famille et marque ombrelle). La nouvelle offre de produits peut attirer de nouveaux groupes de clients qui ne se retrouvaient pas dans l'offre de prestations précédente (Burmann, Meffert, & Blinda, 2005, Esch F.-R., 2003 et Scharf & et al.,2012).

Exemple : La marque Tempo appartient à Essity Germany GmbH. La marque Tempo propose divers produits qui diffèrent légèrement dans leur utilisation. Il y a les mouchoirs Tempo, les lingettes Tempo, les cosmétiques Tempo et les mouchoirs Tempo (Essity Germany GmbH, 2019).

De très bons gestionnaires de marque parviennent à faire en sorte que les produits se complètent et soient demandés ensemble. En outre, les coûts de marketing sont répartis entre plusieurs catégories de produits plus ou moins indépendantes. Vous disposez d'un portefeuille de produits diversifiés sous une seule marque.

La partie gauche des stratégies de marque peut également être décrite comme un étirement de la marque car une marque existante est constamment étendue avec de nouveaux changements de produits. L'objectif est de continuer à investir dans la marque existante et de l'étendre (Scharf & et al., 2012).

Ensuite, les options stratégiques découlant du changement de marque, entre autres, sont discutées.

3.) La marque d'accompagnement

La catégorie de produits existante sera conservée pour la marque d'accompagnement. L'idée de base est que le consommateur doit choisir entre différentes marques de sa propre entreprise au lieu de choisir entre sa propre marque et celle de la concurrence (Scharf & et al., 2012). Le volant complet avec la marque sera changé.

Exemple : Le groupe Volkswagen est composé de différentes marques, telles que Audi, Seat, Bugatti, etc. Plus de 10 marques sont regroupées sous la marque ombrelle. Bien que tous les produits aient les mêmes caractéristiques bénéfiques, ils ont tous des stratégies de marque différentes, qui se traduisent clairement dans le positionnement :

Le portefeuille de VW comprend des marques qui sont synonymes de sportivité, de sécurité, de technologie ou de bas prix.

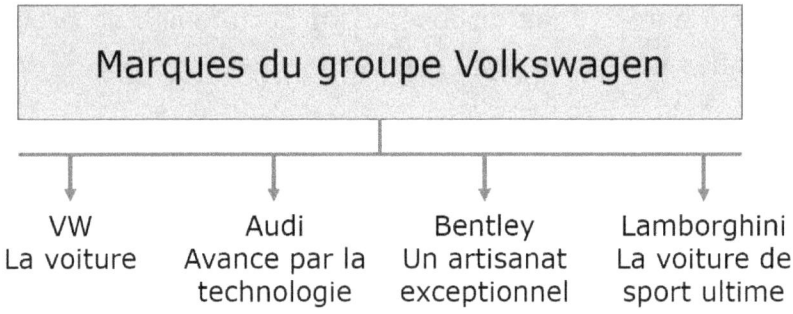

Figure 44 : Exemple de stratégie multimarque, Illustration personnelle

La marque d'accompagnement offre la possibilité de s'adresser à un large groupe de clients ayant des demandes et des idées différentes. Vous pouvez positionner une marque comme étant de haute qualité et chère ou essayer de servir le groupe de clients avec un bon rapport qualité-prix. Dans le meilleur des cas, les marques sont perçues comme indépendantes, contribuent à la diversification et réduisent ainsi le risque opérationnel de l'entreprise.

Le modèle commercial ne dépend plus d'une seule marque ; l'offre est plutôt distribuée à travers un portefeuille de produits et de marques diversifiés. Le positionnement des différentes marques sur le marché est un processus complexe. Les marques propres doivent être positionnées clairement, sinon elles s'enlèveront mutuellement des parts de marché.

Cet effet est connu sous le nom d'effet de cannibalisation parmi les marques similaires (Scharf & et al., 2012 & Esch, 2012).

Exemple : La société Henkel a réussi à trouver un autre positionnement pour l'ensemble de son portefeuille de marques de détergents. L'entreprise a ainsi la possibilité d'obtenir une large couverture du marché et une plus grande croissance du marché.

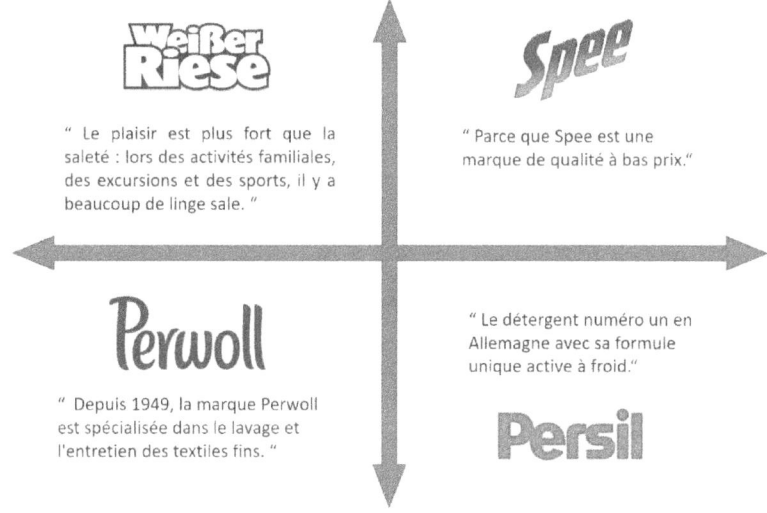

Figure 45 : Positionnement précis de l'entreprise Henkel. Illustration personnelle. Les logos ont été aimablement fournis par Henkel AG & KGaA.

Tous les départements marketing des marques doivent travailler ensemble sur ce point. La marque d'accompagnement est également connue comme une stratégie multimarque et est particulièrement utile si vous souhaitez conquérir de nouveaux segments de marché et que les marques existantes ne sont pas adaptées à cette fin (Meffert, Burmann, Koers, 2005 & Baumgarth, 2014).

4.) La stratégie de la nouvelle marque

La nouvelle marque décrit la procédure de combinaison d'un nouveau nom de marque avec un nouveau produit. L'entreprise s'oriente vers un tout nouveau domaine d'activité.
Si elle est mise en œuvre avec succès, l'entreprise aura une forte diversification car elle est désormais active sur différents marchés avec différentes marques et produits (Scharf & et al., 2012). Toutefois, une telle mise en œuvre n'est pas facile.

Un nouveau secteur d'activité doit être développé à partir de l'entreprise existante. Ce processus est très coûteux et prend beaucoup de temps. La question est également de savoir dans quelle mesure la nouvelle marque peut être comprise comme un élargissement ou une extension de la marque existante. Une marque entièrement nouvelle est créée, qui peut n'avoir aucun lien avec la marque précédente.

Conseil : Les stratégies de marque se recoupent largement avec les systèmes de marque. Par exemple, la stratégie de marque d'accompagnement et la stratégie d'expansion de la marque s'intègrent très bien dans le système des marques familiales ou des marques ombrelles. Une marque ombrelle pourrait être transformée en de nombreuses marques uniques différentes à l'aide de la nouvelle stratégie de marque et de la marque qui l'accompagne. La marque individuelle ne peut pas être combinée avec la stratégie d'expansion de la marque. Il existe plusieurs relations entre la gestion de la marque et la stratégie de marque et les systèmes de marque.

Le marquage de marque

L'image de marque se compose de trois domaines : le logo, le nom et le dessin de la marque (= triangle de la marque) (Langner, 2002). La marque est fortement liée à la conception de la marque par le biais de l'identité de la marque.

Les objectifs de la marque sont les suivants (Esch F.-R., 2003) :
- Fonction de différenciation : mise en évidence de certains aspects de l'offre ;
- Construction de l'image : construire une image unique avec le client ;
- Effet de rappel : augmente la capacité à se souvenir de la marque ;
- Fonction de liaison : relier les caractéristiques de positionnement à la marque ;
- Fonction d'attention : promouvoir la reconnaissance de la marque.

Le logo soutient l'image de marque comme un stimulus visuel qui consiste à intégrer des images et des associations imaginaires. C'est précisément là que le logo peut évoquer des associations et des images imaginaires. On sait aussi, grâce à la psychologie des affaires, que l'on se souvient mieux des objets réels que des images. Les textes sont les plus difficiles à retenir (Felser, 2015). Les logos de marque favorisent donc la notoriété et la reconnaissance de la marque.

Les logos de marque peuvent être subdivisés en logos de texte et d'image. Les logos des polices sont constitués de caractères ou de lettres, par exemple Volkswagen. Les logos d'image peuvent être subdivisés en logos d'image abstraits ou concrets. Dans le cas des logos d'images concrètes, un lien entre le logo de la marque et l'objet réel est reconnaissable, par exemple le logo de la pomme ressemble au fruit (Esch, 2010).

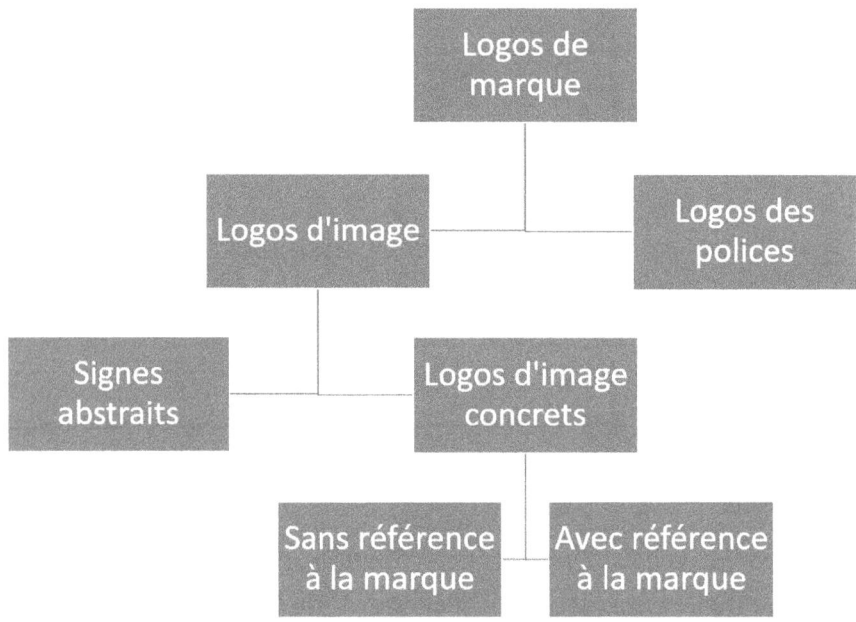

Figure 46 : Subdivision des logos de marque, illustration personnelle, Source : (Scharf, Schubert, & Hehn, 2012, p. 291 & Esch, 2003, p. 175)

Le nom de la marque peut être formulé en référence à la marque ou sans référence à la marque. Il est idéal si le nom et le logo correspondent, par exemple dans le cas de la marque Apple. Un nom de marque peut être décrit avec trois caractéristiques différentes (Esch F., 2010) :

- La force de l'association : Des images et des associations imaginaires peuvent-elles facilement surgir chez le client ?
- Apparence : Est-il facile de prononcer le nom ? L'apparence de la marque dépend de la police de caractères et de la longueur.
- Caractère unique : Le nom doit différencier l'entreprise des autres entreprises et représenter une certaine identité de marque. Le nom représentera l'entreprise et ses produits.

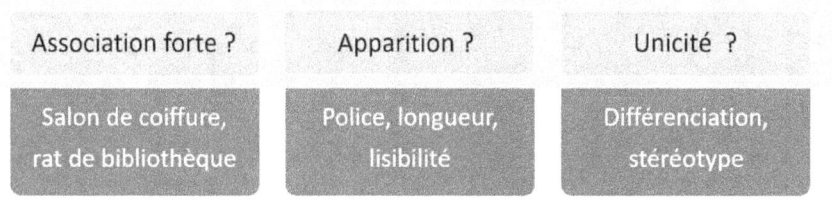

Figure 47 : Propriétés des marques, illustration personnelle

La conception de l'image de marque est souvent mise en œuvre via l'emballage et la conception du produit (Scharf & et al., 2012). La conception du produit (valeur externe) consiste principalement en un design de produit et un emballage. Fondamentalement, l'emballage a une fonction d'étiquetage et de protection des produits. Une bonne conception attire l'attention sur le produit, peut accroître la convivialité et donc améliorer le bénéfice supplémentaire. Un emballage efficace (par exemple Ikea) peut également permettre de réduire les coûts de production.

Le design peut également servir à positionner la marque, car un design de qualité contribue à un positionnement de qualité et évoque certaines associations. L'aspect visuel n'est pas le seul élément qui joue un rôle ici : de nombreux produits peuvent être essayés et expérimentés dans le magasin.

Cela crée une interaction de nombreux sens : la conception multisensorielle est importante afin d'accroître l'attention, la mémoire, la crédibilité, l'appréciation et la probabilité d'achat des produits (Hartmann & Haupt, 2016).

L'image de marque

Après la mise en œuvre opérationnelle et stratégique de l'identité de la marque, il est maintenant important de se pencher sur la phase finale du processus de la marque. La marque n'est pas le produit qui se trouve dans le rayon du magasin mais elle est constituée des associations que l'on associe à la marque. Les clients développent des convictions sur les différentes marques, dont la somme résulte dans l'image de marque. Les croyances peuvent être des images imaginaires, des associations ou des attitudes envers la marque. Les perceptions des clients peuvent être basées sur des expériences, une perception sélective ou des souvenirs. L'image de marque est une mesure de la réussite de l'entreprise à mettre en œuvre l'identité de marque avec les stratégies de marque. Dans le cas idéal, le point de vue de l'entreprise (vœu pieux) et celui du client (réalité) sur la marque coïncident. L'image de marque représente de nombreuses associations différentes, qui peuvent être examinées et divisées plus en détail (en détail Esch F.-R., 2003, p. 70-76) :

1.)   Le type de connexion

L'association peut être émotionnelle ou rationnelle. Les émotions jouent un rôle important dans la description des marques.

La personnalité de la marque dans le volant de la marque joue ici un rôle majeur : les marques peuvent être perçues comme des personnes et contribuent ainsi à créer des liens émotionnels forts entre le produit et le consommateur

(Esch F.-R., 2003). Il est donc conseillé d'ancrer la marque émotionnellement avec le client car ce dernier perçoit avant tout le bénéfice supplémentaire et non les caractéristiques objectives.

2.) La puissance de l'association

Lorsqu'un consommateur a établi un lien et une confiance solides avec une marque, les associations qu'il entretient avec cette dernière sont très fortes. La force de l'association décrit donc le degré de sécurité de ces associations entre la marque et le consommateur. Si l'association est très forte, le consommateur n'est pas si facilement influencé par d'autres opinions.

3.) Représentation de l'association

La représentation peut être verbale ou non verbale. Un ancrage non verbal des associations est constitué par les images imaginaires, les odeurs ou l'haptique. Une représentation verbale de l'association, en revanche, tend à représenter des données et des faits. Ici, la psychologie des affaires joue un rôle important : les images améliorent la mémoire et la capacité d'apprentissage du consommateur (Felser, 2015). Ainsi, si une marque est ancrée dans l'imagination du client non seulement sur le plan linguistique mais aussi par des images, l'ancrage non verbal de la marque peut améliorer la mémoire de la marque. Par exemple, une association avec la marque Milka est une vache violette. Cette association est ancrée à la fois verbalement et fortement non-verbalement (image exceptionnelle). Cette image imaginaire améliore alors la puissance de l'association.

4.) Le nombre d'associations

Le nombre d'associations associées à une marque influence les possibilités de construire une marque forte. La connaissance de la marque, c'est-à-dire tous les paramètres et toutes les imaginations d'une marque, sont stockés dans des schémas. Plus les associations sont nombreuses, plus ce réseau est fort.

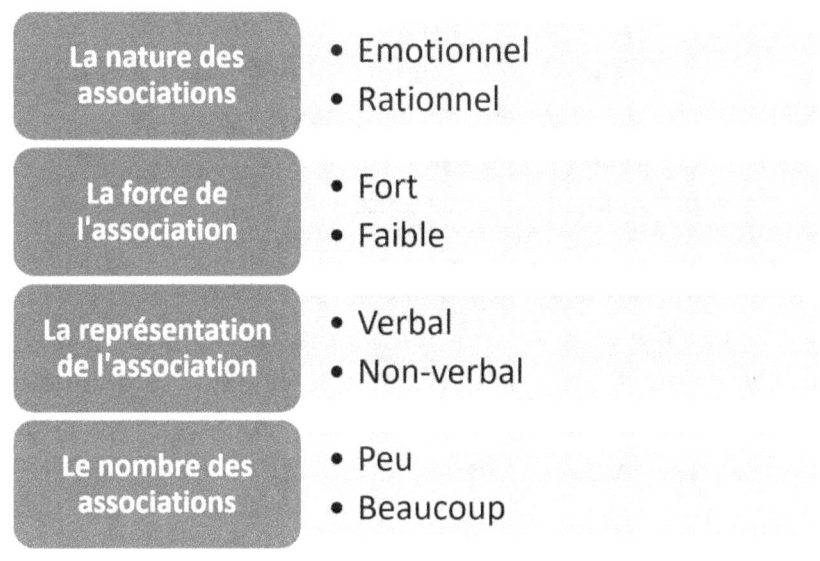

Figure 48 : Critères d'association - Partie 1, illustration personnelle.
Source : (cf. Esch F.-R., 2003, p. 70)

5.) La direction de l'association

La direction représente les associations positives ou négatives qui peuvent être construites. Toutes les caractéristiques discutées des associations et de l'image de marque peuvent aller dans les deux sens. La phase de mise en œuvre est particulièrement importante, car c'est au cours de cette phase que l'identité de la marque est transmise au client. En cas de scandale ou de déception sur un produit, des associations négatives avec la marque peuvent également se développer.

6.) L'accessibilité de l'association

Les associations peuvent non seulement être liées à une marque et à ses produits à différents degrés, mais peuvent aussi être rappelées avec une facilité différente (Esch F.-R., 2003). La vitesse et la facilité avec lesquelles quelque chose "saute devant nos yeux" ou est rappelé comme une pensée représentent l'accessibilité.

« La disponibilité mentale d'une information elle-même est donc considérée comme un indicateur pour d'autres caractéristiques. Le fait que quelque chose nous vienne à l'esprit rapidement et sans trop réfléchir peut être vécu comme la preuve de nombreuses caractéristiques importantes, telles que le fait que l'information est vraie, pertinente, utile ou importante. » (Felser G., 2015, p. 134)

7.) La spécificité des associations

Le caractère unique de la marque est dû à la proposition de vente unique, aux douves qui la délimitent et à la nature particulière de la marque. Une fois que la marque a réussi à accumuler un nombre particulièrement important de ces caractéristiques uniques, elle occupe une position particulière sur le marché. La marque a réussi à se positionner clairement et à dessiner un fossé autour d'elle.

8.) Pertinence des associations

La pertinence indique si la marque a réussi à incarner des caractéristiques importantes pour le client. L'entreprise a-t-elle réussi à trouver les caractéristiques qui sont importantes pour le client et à les mettre en œuvre avec les stratégies de marque ?

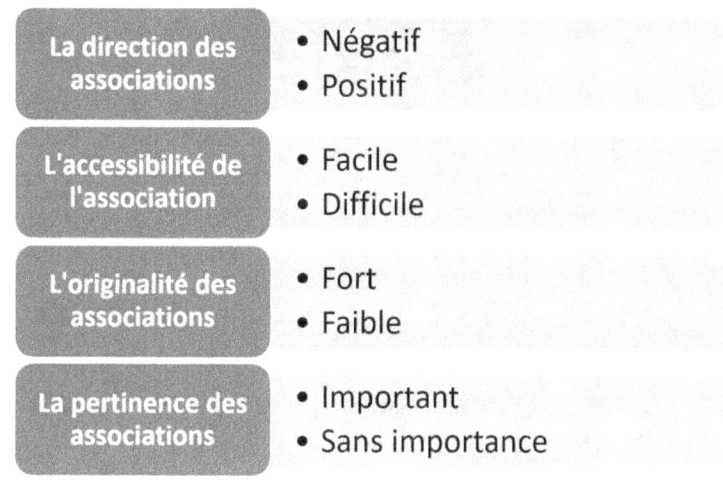

Figure 49 : Critères d'association - Partie 2, illustration personnelle. (cf. Esch F.-R., 2003, p. 70)

Exemple : Red Bull est un exemple positif de construction d'une image de marque réussie. Cette marque a réussi à créer de solides associations de consommateurs. Grâce à son positionnement clair dans le segment du sport et de l'action, la marque a pu construire de nombreuses associations qui ont un fort impact émotionnel sur le groupe cible des jeunes en particulier. Selon son message publicitaire, Red Bull donne des ailes et tonifie l'esprit et le corps.

Figure 50 : Communication de la marque Red Bull, aimablement fourni par Red Bull Allemagne.

La connaissance de marque

Comme nous l'avons déjà mentionné, toutes les associations, les émotions et les connexions concernant la marque sont stockées dans une sorte de réseau. Ce réseau sémantique sert à représenter ces unités complexes de connaissances et conduit à une multitude de connexions supplémentaires appelées par une association ou un déclencheur spécifique (Scharf & et al., 2012).

Ce processus se déroule dans un ordre très précis : on commence par récupérer les liens de la catégorie de produits, puis les associations individuelles que le client a établies avec la marque (Scharf & et al., 2012).

Plus les associations sont nombreuses, plus il est probable que l'information fasse appel à la marque et à ses produits.

Par exemple, un emballage qui contient des informations et fait donc partie des connaissances du consommateur peut s'adresser à une catégorie de produits spécifique et activer la marque correspondante dans l'esprit des clients. Si le processus d'association est appelé, le consommateur tire des conclusions sur les caractéristiques très spécifiques du produit qui peuvent résulter de la conception de l'emballage. En conséquence, le client pourrait continuer à déduire certaines caractéristiques de la marque ou à se rappeler mentalement son évaluation personnelle du produit. La diffusion des associations n'est pas illimitée. Les associations fortes sont appelées en premier. L'association qui est récupérée en premier dépend également du stimulus ou de la stimulation (Felser G., 2015, p. 78).

Exemple : La marque BMW réveille tout d'abord toutes les associations de la catégorie de produits. Ainsi, toutes les associations qui ont un rapport avec une voiture sont retrouvées : la liberté, les moyens de transport, la vitesse, etc.
Ensuite, les caractéristiques typiques des BMW sont évoquées, qui peuvent comprendre la sportivité, le plaisir de conduire, le statut social, etc.

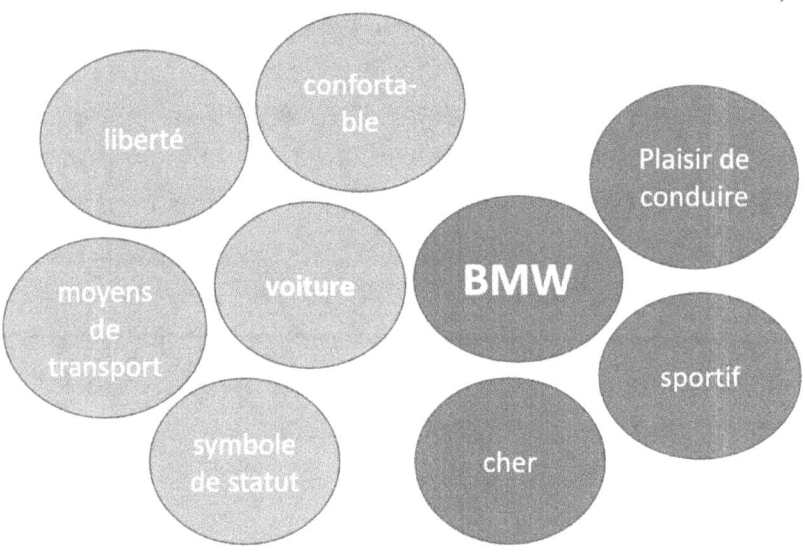

Figure 51 : Exemple de schéma de marque, illustration personnelle

La connaissance de la marque est donc toujours subordonnée à la connaissance du produit. Les caractéristiques de la catégorie de produits sont automatiquement attribuées à toutes les marques d'une catégorie de produits spécifique. Ce processus est également appelé processus d'héritage (Scharf & et al., 2012).

Résumé de la gestion de marque

Le processus de marque dans son intégralité apparaît rapidement comme un domaine à part entière, même s'il ne constitue qu'une partie du marketing. La gestion de la marque s'intègre à d'autres stratégies de marketing et à l'objectif sous-jacent du marketing : augmenter le bénéfice perçu par le client. Les marques fortes sont une situation gagnante pour les clients et l'entreprise.

L'image de marque est la clé d'une politique de marque réussie. Afin de construire une image positive, il est nécessaire de mener à bien la phase de mise en œuvre discutée, qui à son tour est basée sur les considérations préliminaires de l'entreprise.

La phase d'analyse est le fondement des stratégies de marketing, afin d'obtenir les données nécessaires sur le groupe cible et le marché, par exemple des informations importantes pour une segmentation appropriée de la clientèle. Les stratégies doivent être en accord avec les objectifs et la mission de l'entreprise et doivent être définies sur plusieurs années. Les tactiques abordées dans le chapitre suivant sont alors basées sur cette stratégie à long terme. Il n'est pas nécessaire de se concentrer exclusivement sur la concurrence ou sur des secteurs de marché spécifiques car certaines stratégies s'imbriquent les unes dans les autres et peuvent très bien être combinées.

Le marketing mix

Le marketing mix avec ses mesures (composées des 4 P) fera partie des prochains chapitres. La phase tactique est la mise en œuvre des stratégies. Il est expliqué comment la stratégie peut être mise en œuvre et ce qui doit être pris en compte dans l'activité opérationnelle en termes de produit, de prix, de distribution et de politique de communication.

La politique de produits

Lorsqu'on aborde le thème de la politique des produits, des termes tels que le " noyau " ou le " cœur " d'une entreprise sont souvent mentionnés. La politique de produit décrit le produit et le programme de vente.

Le terme de produit ne désigne pas seulement l'objet matériel, mais peut aussi être un service, une personne, un lieu ou une organisation (Scharf & et al., 2012).

Le produit se compose de différents éléments : (Scharf & et al., 2012)

1.) Produit de base : Il décrit les propriétés de base et l'avantage principal du produit.
2.) Produit étendu : Les services supplémentaires (par exemple, le conseil et le service) et l'avantage supplémentaire du produit.

Exemple : Dans le cas d'une voiture, le produit principal serait l'avantage de base, à savoir un transport pratique et rapide. Le produit étendu comprend l'intérieur, la consommation de carburant, le service, les conseils, etc.
L'avantage supplémentaire peut être subdivisé en un aspect social (par exemple, la marque), émotionnel (par exemple, l'apparence) et fonctionnel (par exemple, le nombre de chevaux). Si l'avantage de base est combiné avec les avantages supplémentaires, on obtient l'avantage total du produit (Meffert, Burmann et Kirchgeorg, 2012).

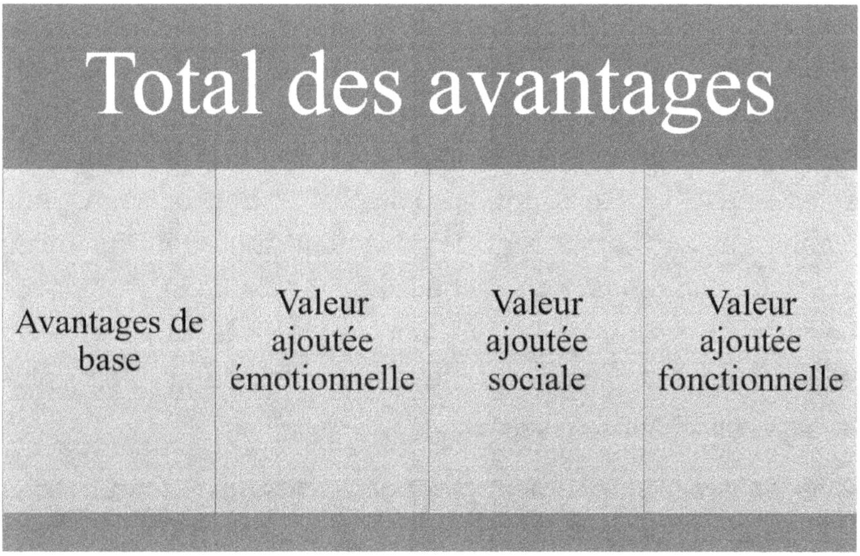

Total des avantages			
Avantages de base	Valeur ajoutée émotionnelle	Valeur ajoutée sociale	Valeur ajoutée fonctionnelle

Figure 52 : Bénéfice total d'un produit, illustration personnelle

En matière de politique des produits, les décisions peuvent être prises dans deux domaines différents : en fonction de l'assortiment et en fonction du produit.

La conception du programme/de l'assortiment

Elle comprend des mesures qui touchent la gamme et les lignes de produits et qui influencent et façonnent ainsi tous les produits (Scharf & et al., 2012).

- La gamme de produits : Elle se compose de plusieurs articles similaires, également appelés familles de produits.
- L'assortiment : Différentes lignes de produits sont combinées dans un assortiment.

Exemple : Un fabricant de boissons dispose d'une gamme de boissons composée des lignes de produits "boissons non alcoolisées" et "boissons alcoolisées". Les boissons non alcoolisées se composent alors à leur tour des lignes de produits "boissons non alcoolisées" et "jus de fruits". La gamme de produits des boissons alcoolisées se divise en bière et en vin. Plus on divise les familles de produits, plus les produits sont similaires.

Que peut-on exactement changer dans un assortiment ? (Grunwald & Schwill, 2019)

- Profondeur : le nombre d'articles dans les lignes de produits ;
- Largeur : nombre de lignes de produits dans l'assortiment ;
- Homogénéité : quelles sont les similitudes entre les lignes de produits et, en définitive, les produits ?

Quelles décisions opérationnelles peuvent être prises en ce qui concerne la conception des programmes et des lignes de produits (Schwill, 2009) ?

- Constance : L'offre reste la même et aucune mesure liée au programme n'est donc prise. Par exemple, l'accent pourrait être mis davantage sur la stratégie de développement du marché (voir Stratégie de développement du marché).

- Amélioration : Le développement de produits a lieu. La profondeur et/ou la largeur de la gamme de produits est élargie, ce qui signifie que de nouveaux produits sont ajoutés à la gamme dans des cas individuels (profondeur) ou que des lignes de produits entières sont ajoutées (largeur).

- Réduction : La spécialisation se fait dans la profondeur ou l'étendue de la gamme de produits. Vous réduisez votre gamme de produits en supprimant des produits individuels ou des familles entières de produits.

La conception du produit

Elle comprend des mesures relatives au produit individuel et à ses caractéristiques matérielles et immatérielles.

Les mesures portent sur les valeurs internes et externes du produit : (Scharf & et al., 2012)

- Qualité du produit : La qualité du produit (valeur interne) comprend le niveau et la constance de la qualité. Le niveau résulte de la somme de toutes les caractéristiques positives que le produit possède. La cohérence, en revanche, dépend de la qualité constante.
- Conception de produits : La conception de produits (valeur externe) consiste principalement en la conception de produits et d'emballages. Un bon design attire l'attention sur le produit, peut accroître la facilité d'utilisation et donc améliorer la valeur ajoutée. Un emballage efficace (par exemple Ikea) peut permettre de réduire les coûts de production.

Si vous souhaitez modifier un produit, vous devez vous demander si cela doit affecter la qualité et/ou la conception du produit. Selon les aspects que vous changez, vous influencez le bénéfice global et/ou supplémentaire.

Un produit est rarement consommé seul. Il en résulte différentes combinaisons possibles de produits, appelées groupes composites. Le client n'achète donc pas seulement un seul produit mais il a généralement une demande pour différents produits qui peuvent se compléter.

Cela est particulièrement vrai dans le secteur des biens de consommation.

On peut faire une distinction entre les groupes de demande et les groupes d'offre (Scharf & et al., 2012) :

- L'association du côté du besoin fait référence à d'éventuels biens complémentaires : il s'agit de biens qui sont demandés ensemble parce qu'ils se complètent, par exemple le pain et le beurre.
- L'objectif de l'association de la demande est que le consommateur fasse le plus d'achats possible dans un seul établissement commercial. Ainsi, le client peut gagner du temps et réduire l'effort d'achat.

Lors de la conception et du développement de produits, le moment de l'entrée sur le marché joue un rôle majeur.

Il existe un risque de chevauchement avec la stratégie de marché sur le terrain et en particulier avec la stratégie de développement des produits. La stratégie de développement des produits a été divisée en innovations réelles, quasi-innovations et produits "Me-too". Si vous êtes le premier sur le marché avec une véritable innovation, cette stratégie a des effets opérationnels différents de ceux d'un produit "Me-too".

En tant que pionnier, vous vous adressez à des clients qui aiment l'innovation et sont prêts à essayer quelque chose de nouveau. Vous avez l'avantage d'une position de monopole jusqu'à ce que le premier concurrent avec un produit similaire suive.

Vous pouvez être le premier à acquérir de l'expérience sur le marché et avec le groupe cible et utiliser à nouveau ces informations pour la phase d'analyse (Porter, 2008).

Si vous essayez de développer un produit "me-too", vous pouvez apprendre des erreurs du pionnier. Le produit existant est copié et, à certains égards, modifié ou amélioré.

Résumé de la politique des produits : Trois points doivent être pris en compte dans la politique des produits : le temps, la mesure et l'association.

Le point dans le temps décrit le moment de l'entrée sur le marché : en tant que pionnier, voulez-vous apporter une innovation réelle et nouvelle sur le marché ou préférez-vous développer des produits "Me-too" plus tard ?

La mesure correspond à l'intensité du changement de la gamme de produits et de la conception des produits : voulez-vous changer des lignes de produits entières ? Vous souhaitez modifier la conception ou la qualité d'un produit ?

Enfin, l'association soulève la question des éventuels biens ou produits complémentaires qui sont demandés ensemble.

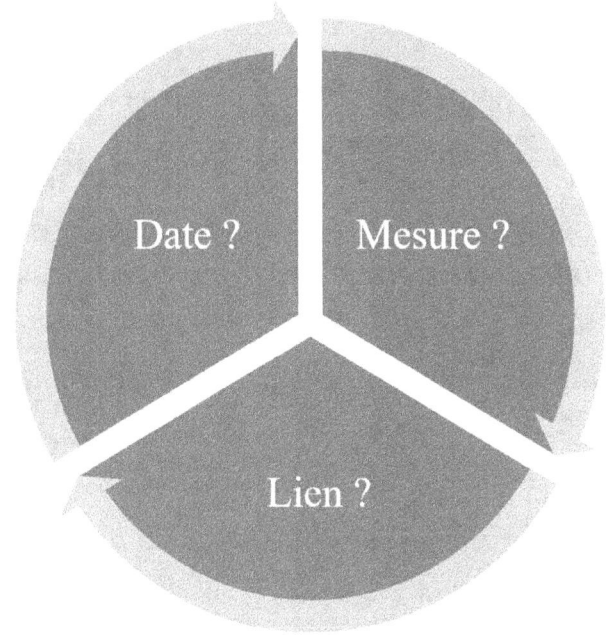

Figure 53 : Vue d'ensemble de la politique des produits, illustration personnelle

La politique de prix

La politique des prix est, avec la politique des produits, la caractéristique la plus évidente pour les clients. Les prix déterminent la valeur d'un produit. Certaines stratégies de marketing, telles qu'un meilleur positionnement tarifaire ou une orientation concurrentielle, peuvent conduire à une guerre des prix.

Quelles sont les autres raisons qui conduisent à une guerre des prix ? (Simon & Fassnacht, 2009) & (Diller, 2003)

- La mondialisation progresse et il y a donc plus de concurrence pour les entreprises.
- Marchés saturés : il y a généralement plus de vendeurs que d'acheteurs (marchés d'acheteurs).
- Des produits similaires, qui ne diffèrent guère. De nombreuses entreprises ont une stratégie de marketing similaire.
- Les comparaisons de prix sur Internet permettent aux consommateurs de voir très facilement si un prix est fixé de manière équitable.

Quelles sont les caractéristiques du prix et quelles sont les particularités à prendre en compte ? (Homburg, Les bases de la gestion du marketing. Introduction à la stratégie, aux instruments, à la mise en œuvre et à la gestion d'entreprise, 2012)

- Difficile à réviser : les prix de référence sont fixés et stockés dans l'esprit des clients. Les clients associent un produit à une valeur fixe. Une fois que cette valeur monétaire est stockée, il est difficile de la modifier à nouveau dans l'esprit des clients.

- Flexible : les prix peuvent être modifiés rapidement et facilement.
- Efficace : les prix influencent directement la décision d'achat. La valeur peut être augmentée directement en réduisant la douleur ressentie par la réduction du prix.

Les mêmes erreurs sont souvent commises lors de la fixation des prix : (Scharf & et al., 2012)

- Les prix sont corrigés vers le bas trop rapidement. Ainsi, le client enregistre toujours un nouveau prix de référence inférieur ;
- La tarification est basée sur le coût et non sur la valeur ;
- Les prix sont mal ajustés et ne sont pas vérifiés avec soin.

Les prix ne peuvent être fixés arbitrairement mais s'inscrivent dans un cadre fixe qui précise un prix minimum et un prix maximum. Le prix minimum est le prix qui couvrirait à peu près les coûts. Le prix maximum est le prix maximum que le dernier client serait prêt à payer pour le produit. Les stratégies de marketing et les politiques de prix, outre les conclusions des sciences économiques, garantissent que le prix se situe entre le prix maximum et le prix minimum.

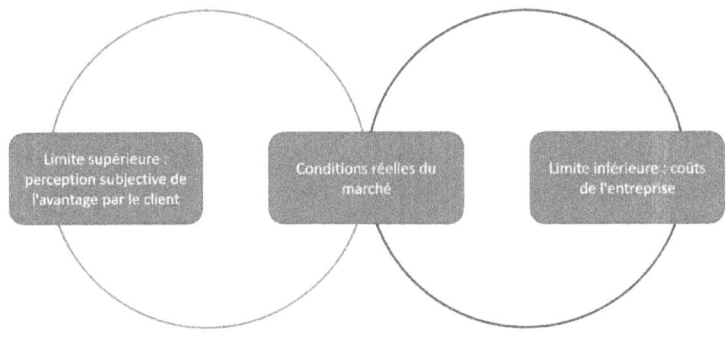

Figure 54 : Tarification sur le marché, illustration personnelle

Stratégies de tarification pour les nouveaux produits

Une entreprise doit déterminer le prix en fonction de la manière dont la valeur du produit est perçue par le client. Les besoins des clients doivent être analysés pour comprendre comment ils perçoivent la valeur. Si le bénéfice du produit est particulièrement élevé, en conséquence un prix plus élevé peut être fixé. Au lieu de baisser le prix, de nombreuses entreprises peuvent également améliorer leur gamme de produits en proposant des services secondaires, par exemple le droit de retour, le service à la clientèle, etc. Tout reste dépendant de la formule de valeur : en proportion, le bénéfice doit être supérieur à la douleur.

En matière de politique des prix, il existe deux stratégies concrètes de fixation des prix des nouveaux produits. La décision opérationnelle à prendre dépend des étapes précédentes du plan de marketing (Kotler & et al., 2007).

Stratégie d'écrémage	Stratégie de pénétration
Prix initiaux élevés	Prix initiaux bas
Marge maximale possible	Chiffre d'affaires le plus élevé possible
Il convient de s'adresser aux innovateurs et aux premiers adoptants.	Il convient de s'adresser au plus grand groupe cible possible.
Vous pouvez construire un fossé par la qualité et le prix.	Les économies d'échelle doivent être exploitées (Économie d'échelle)
Possible pour les clients ayant un intérêt d'achat élevé.	Peut être utilisé pour les clients sensibles au prix.
La stratégie exige un avantage relatif élevé du produit.	La production est optimisée pour offrir le produit au meilleur prix possible. (avantages en termes de coûts).
Vous pouvez construire un fossé par la qualité et le prix.	Le fossé est le prix le plus bas.

Figure 55 : Stratégies de tarification, illustration personnelle

Discrimination par les prix

La façon la plus simple de fixer un prix différencié est de demander un prix élevé pour des produits de haute qualité. Différents groupes cibles sont déjà pris en compte. Le prix ne détermine pas seulement la valeur du produit, mais donne également la possibilité de se différencier de la concurrence. Le prix sert donc aussi de simple forme de différenciation.

La stratégie de segmentation a déjà décrit que différents groupes cibles peuvent être formés. Cette théorie est maintenant appliquée : l'objectif de la différenciation des prix est de saisir de manière optimale le retour du consommateur par des prix différents. Les prix devraient être modifiés dans les différents segments afin de tenir compte des particularités de ces derniers. Le prix doit être fixé aussi près que possible du prix maximum que les clients seraient prêts à payer (Hombourg, 2012).

Comme le prix maximum varie d'un client à l'autre, les prix sont modifiés afin de déterminer le prix approprié pour chaque client. Les possibilités de différenciation des prix sont : (Bruhn, 2012) & (Scharf & et al., 2012)

1) Différenciation temporelle des prix

Le prix varie au moment de l'utilisation. Par exemple, le prix est adapté à la période de l'année ou de la journée, voire au cycle de vie du produit.

2) Différenciation spatiale des prix

Le pouvoir d'achat du groupe cible diffère surtout sur les marchés mondiaux. Dans ce cas, les prix doivent être adaptés au pouvoir d'achat du groupe cible régional.

3) Différenciation des prix personnels

Des prix différents sont proposés pour différents groupes de population, par exemple les étudiants ou les retraités bénéficient souvent d'une réduction.

4) Différenciation quantitative des prix

Si le client achète une grande quantité du produit, il peut bénéficier d'une remise.

5) Regroupement des prix dans l'offre

Plusieurs produits de la gamme sont regroupés dans une même offre. Il devient plus difficile pour le client de comparer les prix des différents composants avec d'autres offres ("dissimulation des prix").

Toutefois, les produits combinés doivent également correspondre au moment de leur consommation.

6) Différenciation des prix pour les services

L'objectif est de maximiser les profits par la décomptabilisation des services. Les services ne peuvent pas être stockés. Ils expirent éventuellement s'ils ne sont pas demandés à un moment donné.

Les capacités ne peuvent généralement pas être modifiées à court terme et il existe des éléments de coût fixe élevés. Même un avion qui n'est pas pleinement exploité décolle normalement, il est donc recommandé de faire des offres de dernière minute afin de pouvoir l'exploiter totalement. La différenciation des prix devrait contribuer à la maîtrise des capacités. Le prix est donc adapté au moment de l'achat.

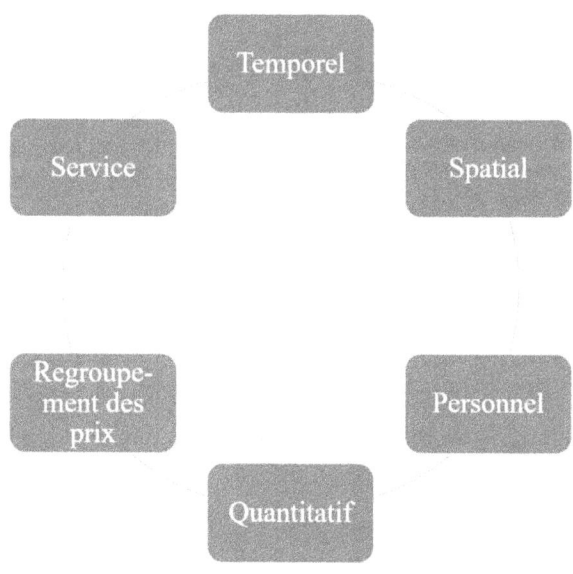

Figure 56 : Différenciation des prix, illustration personnelle

Stratégies de tarification pour les produits existants

Dans le commerce opérationnel, la question se pose souvent de savoir si les prix sont encore fixés correctement ou s'ils peuvent être optimisés. Un prix n'est pas seulement calculé une fois au début de la fixation des prix (stratégies de fixation des prix), mais il est également ajusté à plusieurs reprises dans le cadre des affaires.

Il existe trois approches différentes pour trouver le prix optimal de l'offre et le déterminer encore et encore : la fixation des prix en fonction des coûts, de la demande et de la concurrence.

1) Orientation sur les coûts

D'une part, vous pouvez regrouper tous les coûts encourus (production, personnel, marketing, etc.) et les répartir également entre les produits (= méthode des coûts complets) ; d'autre part, vous pouvez diviser les coûts en coûts variables et fixes et ainsi répartir les coûts individuellement entre les produits (= méthode des coûts partiels). (Pechtl, 2005)

La méthode du coût complet est bien sûr plus facile à utiliser. Vous trouvez plus rapidement une décision et vous avez donc moins d'efforts à fournir pour calculer les coûts. D'autre part, il est possible que les produits soient grevés de coûts qu'ils n'ont pas du tout occasionnés. Cette méthode est beaucoup moins précise que la méthode du coût partiel (Pechtl, 2005).

Si les coûts sont répartis de manière égale, les prix entre les produits deviennent également de plus en plus équilibrés. La différenciation des prix devient plus difficile.

2) Orientation sur la demande et science comportementale

Dans la théorie classique des prix, on suppose que lorsqu'un prix est augmenté, la demande diminue également. Cette fonction prix-vente représente la relation entre le niveau du prix et la demande des clients (Scharf & et al., 2012). La composante psychologique ne devrait pas non plus manquer dans ce modèle comportemental, car les processus psychologiques jouent également un rôle pertinent dans l'évaluation subjective des prix.

De ce point de vue, certains concepts importants de la politique des prix ont émergé :

<u>Les intérêts sur les prix :</u> Le client est tenu de rechercher des informations sur le prix et d'en tenir compte lorsqu'il prend une décision d'achat (Diller, Pricing Policy, 2008). Le client compare les prix avant d'effectuer un achat et en fonction de cette caractéristique, le groupe cible réagit ou non à la politique de prix.

Si le client n'est pas intéressé par le prix et achète quand même parce que les produits lui sont utiles, la publicité liée au prix ne vaut pas la peine. C'est le cas des articles de luxe, par exemple.

<u>Abordabilité :</u> L'abordabilité fait référence à la comparaison de son propre prix avec ceux de produits concurrents comparables. Quel produit similaire est le moins cher, lequel est le plus cher ? (Scharf & et al., 2012)

Rapport qualité-prix : Le produit est-il digne du prix qu'il a reçu ? Le prix que vous devez payer est-il digne du service que vous recevez ? Le prix est comparé à l'avantage (Scharf & et al., 2012).

De nombreux clients associent le prix à la qualité, bien que (objectivement parlant) cela n'ait rien à voir avec la qualité au départ. Il existe certaines caractéristiques pour lesquelles cette évaluation de la qualité liée au prix est particulièrement prononcée : (Simon & Fassnacht, 2009)

- Lorsque la connaissance des produits par les consommateurs est faible ;
- Lorsqu'il y a de nombreuses différences de qualité.
- Lorsque le client n'a pas d'autres critères de qualité à choisir ;
- Lorsque le client veut prendre une décision peu risquée ;
- Lorsque les produits et par conséquent les prix sont difficiles à comparer (voir regroupement des prix).

3) Orientation concurrentielle

Avant de pouvoir fixer le prix de manière concurrentielle, vous devez bien sûr définir le marché correctement. Selon la façon dont vous définissez le marché, vous pouvez trouver une situation concurrentielle complètement différente. Fondamentalement, vous pouvez vous comporter de manière pacifique ou hostile dans la fixation des prix : (Gutenberg, 1984)

- Un comportement économiquement pacifique : une concurrence des prix ordonnée et la réalisation de nos propres objectifs économiques sont au premier plan ;
- Comportement de combat : le but est de nuire à la concurrence par des prix très bas et donc d'essayer de les chasser du marché. Les guerres de prix mentionnées surgissent.

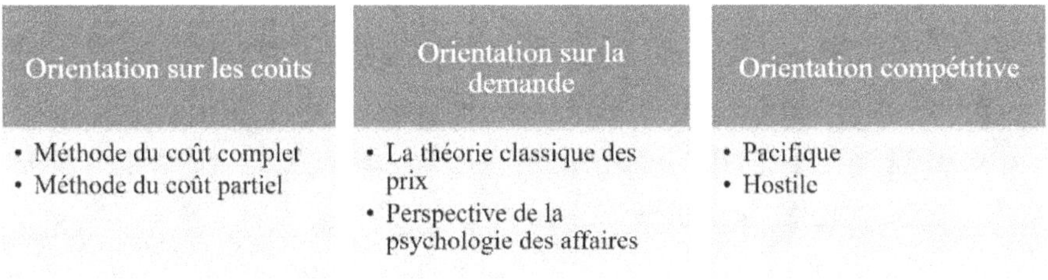

Orientation sur les coûts	Orientation sur la demande	Orientation compétitive
• Méthode du coût complet • Méthode du coût partiel	• La théorie classique des prix • Perspective de la psychologie des affaires	• Pacifique • Hostile

Figure 57 : Tarification des produits existants

La politique des conditions

En termes de politique de prix, les prix sont bien sûr toujours au premier plan, mais les conditions jouent également un rôle majeur dans les opérations commerciales. La politique de conditions consiste en des rabais, des crédits de vente et des conditions de livraison et de paiement.

L'objectif est (comme pour la différenciation des prix) de servir les différentes volontés de payer, de créer des incitations à l'achat et de permettre la différenciation par rapport à la concurrence (Meffert, Burmann, & Kirchgeorg, 2012).

1) Politique de rabais

Les rabais sont des réductions de prix qui font baisser le prix à la caisse (prix de la transaction). Il existe un grand nombre de types de rabais différents : (Schaper, 2017)

- Remise fonctionnelle : un rabais est accordé aux distributeurs car ils remplissent une fonction importante pour l'entreprise. La remise fonctionnelle peut également être accordée aux entreprises de logistique ;
- Remise sur quantité : réductions de prix pour les commandes en grande quantité ;
- Escompte de paiement en espèces : remise pour paiement anticipé du prix ;
- Remise à temps : un rabais peut être accordé à certaines dates de commande. Par exemple, il y a souvent une remise pour l'introduction d'un produit ;
- Rabais de fidélité : Utilisé pour assurer des relations d'affaires à long terme.

2) Crédit de vente

Le crédit à la vente est un report à long terme du prix d'achat (Scharf & et al., 2012).

Si le client a des besoins mais manque de pouvoir d'achat, le crédit de vente peut répondre aux besoins tout en augmentant le volume des ventes.

Les prix d'un crédit à taux variable sont perçus différemment d'un prix total. Les petits montants mensuels ont un effet différent de celui d'un prix total En outre, les intérêts remboursés peuvent être utilisés pour générer un revenu supplémentaire. Le crédit-bail relève également de cette catégorie.

3) Conditions de livraison et de paiement

Les conditions de livraison et de paiement font partie d'un contrat de vente et sont incluses dans les conditions générales.
Les conditions de livraison règlent le moment et le lieu de la livraison. Les conditions de paiement décrivent le type et le moment du paiement (Scharf & et al., 2012). Le paiement doit-il être effectué, par exemple, par versements échelonnés ou en espèces ?

Résumé de la politique de prix : Les prix ne sont calculés que par rapport à d'autres prix ou au prix de référence stocké. Ce n'est pas le prix objectif qui est décisif mais sa comparaison avec d'autres prix et la perception individuelle de celui-ci.

Les prix peuvent être fixés pour les produits nouveaux et existants selon différentes stratégies. Ce ne sont pas seulement les prix qui sont déterminants dans la politique des prix, mais aussi la politique générale en matière de conditions. Les différents sous-domaines de la politique des prix ne doivent pas être considérés séparément. La politique de rabais pourrait tout aussi bien être affectée à la différenciation des prix.

La politique de distribution

À l'exception de nombreux services, la production et la consommation s'effondrent. La distribution crée ce lien entre les producteurs et les consommateurs. La politique de distribution clarifie la question de savoir ce qu'il faut faire pour que les produits parviennent à l'acheteur.

Pourquoi la politique de distribution est-elle si importante ?

- Orientation vers le marché : le client souhaite que les produits soient livrés rapidement et facilement. Pour cela, un réseau de distribution approprié est nécessaire ;
- Efficacité : de nombreux coûts peuvent être économisés sur la livraison et l'entreposage. Il est important de reconnaître les domaines dans lesquels vous pouvez accroître l'efficacité et l'efficience de la distribution ;
- Distribution : même à l'ère numérique, le contact personnel joue un rôle important, surtout pour les produits qui nécessitent une explication, la distribution est nécessaire ;
- Avantage concurrentiel : grâce à la politique de distribution, on peut se différencier de la concurrence ;

Quelles sont les particularités de la politique de distribution ? (Ahlert, 1996)

- Il s'agit de décisions stratégiques et à long terme qui sont difficiles à réviser ;
- Les contrats de livraison et de distribution sont généralement conclus à long terme ;

- L'espace d'étalage chez le concessionnaire est limité. Les bonnes relations commerciales jouent un rôle important ;
- La communication personnelle est fortement développée, par exemple dans les ventes personnelles.

Dans la politique de distribution, il existe deux grands domaines de décision ou de complexité des questions : (Bruhn, 2012)

- La distribution par acquisition : cela comprend les canaux et les organes de distribution ainsi que la politique de distribution. Sur quels moyens (canaux de distribution) les produits peuvent-ils être distribués et quelles entreprises (organes de distribution) jouent un rôle ?
- Distribution physique : le système logistique, également appelé distribution physique, comprend le stockage, le transport et l'emballage. Quelle est la qualité du service de livraison ?

Il est important de comprendre les objectifs de distribution avant de clarifier les domaines de décision. Les objectifs peuvent être répartis entre les deux domaines de l'acquisition et de la distribution physique : (Scharf & et al., 2012)

- Distribution par acquisition : il existe des objectifs psychologiques (maintien de la coopération avec les organes de distribution, gestion de l'image) et décisionnels (choix des canaux de distribution et acquisition des organes de distribution).

- Distribution physique : il existe des objectifs économiques (gagner des parts de marché, augmenter le volume des ventes) et des objectifs axés sur les approvisionnements (augmenter la disponibilité des produits, réduire l'effort d'achat).

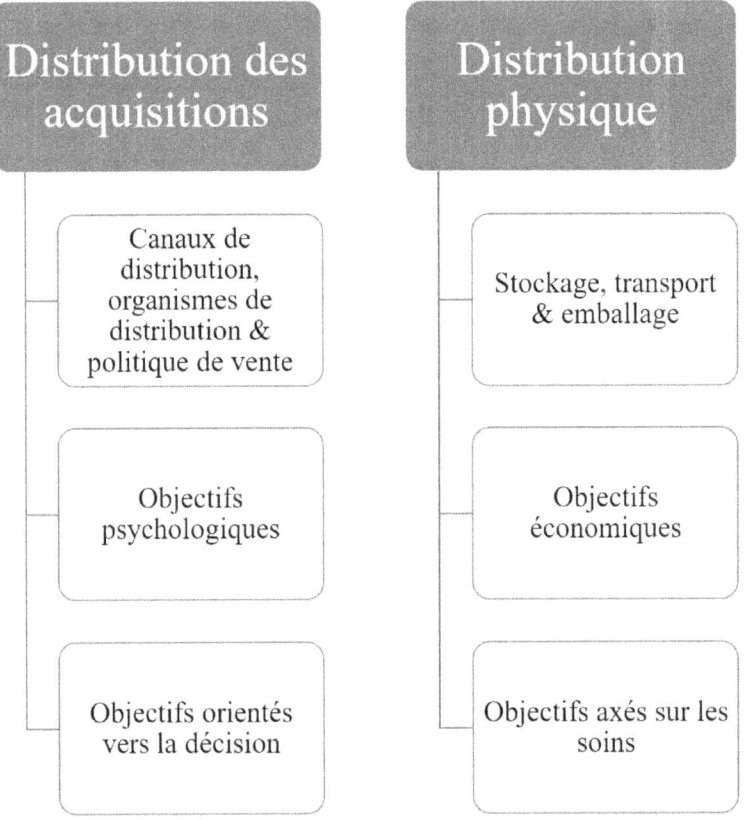

Figure 58 : Vue d'ensemble des zones de distribution, illustration personnelle

La distribution basée sur l'acquisition

Comme nous l'avons déjà décrit, la distribution basée sur l'acquisition se compose de canaux de distribution et d'organes de distribution.

Le canal de distribution est divisé en canaux de distribution directs et indirects : (Specht & Fritz, 2005)

- Si l'entreprise est en contact direct avec le client, il s'agit d'un canal de vente directe ;
- Si l'entreprise vend ses produits par l'intermédiaire d'agents commerciaux (voir ci-dessous), il s'agit d'un canal de distribution indirect. Avec le canal de distribution indirect, l'entreprise n'a plus de contact personnel avec le client ;

Exemple : Si un fabricant de produits alimentaires livre ses produits à un supermarché, le distributeur prend en charge la distribution ultérieure. Si le client fait ensuite ses courses au supermarché, le client et le fabricant de produits alimentaires n'ont plus de contact direct.

Les organes de distribution peuvent être divisés en organes de distribution propres et externes : (Scharf & et al., 2012)

- Les propres organes de distribution sont toutes les personnes liées à l'entreprise. Ces personnes accomplissent une tâche accessoire pour l'entreprise ;
- Si la société confie des tâches d'acquisition à des personnes ou à des sociétés qui ne sont pas liées à l'entreprise, ces personnes sont des organes de distribution externes.

Les organes de distribution externe peuvent être divisés en agents commerciaux et assistants commerciaux : (Treis, 2003)

- Les agents commerciaux : ce sont des entreprises économiquement et juridiquement indépendantes. Ces organismes de distribution achètent et vendent les produits en leur propre nom et pour leur propre compte et agissent de manière indépendante ;
- Assistants commerciaux : ce sont des assistants qui aident à remplir les tâches de distribution. Ces organismes de distribution n'ont aucun droit de propriété sur le produit et sont liés à l'entreprise.

Exemple : Si une entreprise dispose de sa propre équipe de vente avec des représentants commerciaux, les ventes font partie de ses propres organes de distribution. Si l'entreprise vend les produits à un grossiste, celui-ci est un organe de distribution externe.

Les décisions opérationnelles en matière de politique de distribution concernent parfois le choix correct de ces formes de distribution : La distribution devrait-elle se faire directement ou indirectement et via les organes de distribution propres ou externes de l'entreprise ?

Distribution directe	Distribution indirecte
Elle est idéale pour les produits complexes, par exemple dans le secteur B2B.	La distribution indirecte est adaptée aux biens de consommation.
Il y a un petit nombre d'utilisateurs finaux. Ceux-ci veulent être conseillés (équipe de vente nécessaire).	Il existe des marchés de masse avec de nombreux clients géographiquement dispersés.
C'est là que la compétence de vente qui répond aux exigences individuelles des clients est importante.	Il existe des solutions de distribution similaires pour un grand nombre de clients.
L'avantage concurrentiel est créé par les compétences et les capacités des propres organes de distribution de l'entreprise.	L'avantage concurrentiel est créé par une distribution efficace et effective et par de bonnes relations avec le concessionnaire.
Les clients peuvent être visités personnellement. Une relation commerciale est établie par le contact personnel entre le client et l'équipe de vente.	Le producteur du produit n'a aucun contact avec l'utilisateur final. Le détaillant ou le grossiste s'occupe des ventes ultérieures et du contact avec le client.

Figure 59 : Comparaison des formes de distribution, illustration personnelle, source : cf. (Scharf & et al., 2012)

Il arrive souvent que les entreprises et les détaillants et grossistes ne travaillent pas main dans la main. Cela s'explique par le fait qu'ils ont des intérêts et des objectifs différents : (Ahlert, 1996)

- Le fabricant veut distribuer constamment de nouvelles innovations, le distributeur veut des produits ayant une chance certaine de succès ;
- Le fabricant veut construire une marque connue, le distributeur veut améliorer l'environnement d'achat ;
- Le fabricant veut accorder de faibles remises commerciales, le distributeur veut offrir les meilleures conditions possibles ;
- Le fabricant veut des contrats de livraison fixes, le distributeur souhaite des livraisons flexibles en fonction de ses besoins ;

- Le fabricant fait généralement de la publicité internationale ou nationale, le distributeur fait de la publicité régionale.

La distribution physique

La distribution physique est le système logistique qui assure la distribution des marchandises.

Ce système logistique est constitué de : (Scharf & et al., 2012)

- Traitement des commandes : comment les données relatives aux commandes sont-elles enregistrées et les informations diffusées ?
- Entreposage : sert à combler le délai entre la production et la livraison des produits.
- Emballage : protection et étiquetage des produits.
- Transport : quels sont les moyens de transport utilisés ? Quel service le transitaire doit-il fournir ?
- Redistribution : comment les produits défectueux doivent-ils être retournés ? Comment les vieux produits sont-ils éliminés ?

Pour contrôler la distribution physique, il y a le service de livraison, un terme clé qui en dit long sur la qualité de la distribution physique. Le service de livraison est devenu un critère important dans la décision d'achat. C'est donc aussi un facteur qui influence directement la formule de valeur dans le marketing. Le service de livraison consiste en : (Pfohl, 2018)

- Délai de livraison : il s'agit de la rapidité de livraison ;
- Disponibilité de livraison : une livraison ponctuelle doit être assurée par un stock suffisant (disponibilité) ;
- Condition de livraison : la commande doit être livrée de la manière souhaitée et dans la quantité commandée ;
- Flexibilité de la livraison : le service de livraison doit pouvoir répondre aux exigences de chaque client.

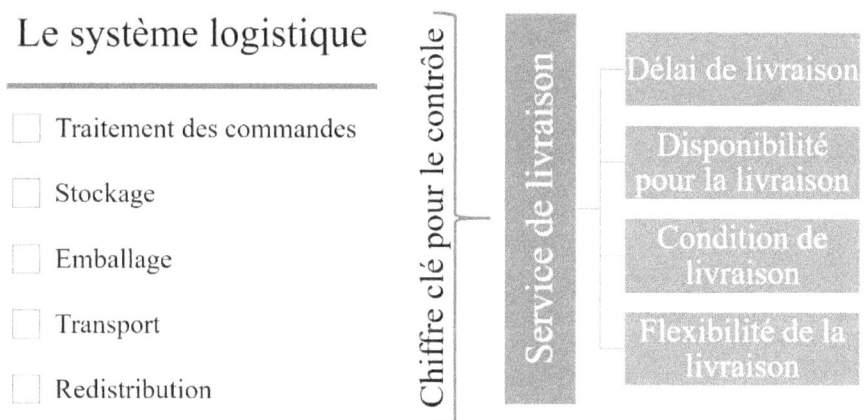

Figure 60 : La distribution physique, illustration personnelle

Résumé de la politique de distribution : La distribution comble l'écart entre la production et la consommation. Comme cela implique des points de contact avec le client, la politique de distribution influence également les avantages et la douleur perçus par le client lorsqu'il prend une décision d'achat. D'une part, le bénéfice peut être augmenté, par exemple grâce à un emballage soigné et à de bons conseils, d'autre part, la douleur perçue peut être réduite, par exemple grâce à une livraison rapide et fiable. La livraison juste à temps, c'est-à-dire la production et la livraison sur ordre explicite du client, offre notamment des avantages en termes de coûts. Les chaînes logistiques peuvent être simplifiées et raccourcies grâce à la numérisation. L'interaction entre la production et la livraison est particulièrement efficace.

La politique de communication

La politique de communication est la dernière des mesures de marketing présentées ici dans le livre. Les produits et l'entreprise doivent être rendus visibles. C'est la mesure de marketing avec laquelle le client entre le plus souvent en contact.

La communication est l'envoi de messages cryptés de l'expéditeur au destinataire. En matière de marketing, l'entreprise envoie un message au client, que ce dernier décode et interprète ensuite individuellement (Kotler, Armstrong, Saunders, & Wong, 2007). Ce message est destiné à déclencher une réaction spécifique, par exemple l'achat du produit ou une augmentation de la popularité de l'entreprise auprès du client.

C'est précisément parce que la politique de communication est si importante qu'il faut examiner de près les défis actuels de cette mesure de marketing. Les défis actuels sont : (Scharf & et al., 2012)

- Le client est de plus en plus souvent surchargé : Il existe un nombre croissant d'informations qu'il ne peut pas utiliser complètement pour sa décision d'achat ;
- Le client n'a pas beaucoup de temps pour faire ses achats et ne veut pas passer beaucoup de temps sur les produits de l'entreprise ;

- Il existe de plus en plus de sources d'information différentes que le client peut utiliser pour se renseigner sur les produits.
- De nombreux produits et leurs entreprises ne diffèrent pas. Le client ne sait pas quel produit choisir.

Pour qu'une entreprise ne cherche pas à communiquer et à attirer l'attention sur elle sans discernement et sans but, il est nécessaire d'avoir une certaine orientation.

Les orientations de la communication

La particularité de la politique de communication est que, dans la plupart des cas, elle est axée sur un défi concret. Il existe un problème de marketing, que l'on tente de résoudre, entre autres, à l'aide de la politique de communication. Nous allons maintenant examiner certains de ces défis et possibilités d'orientation :
(Scharf & et al., 2012)

1) Orientation vers le cycle de vie des produits

Comme décrit dans la phase d'analyse, un produit passe par différentes phases de son cycle de vie. Selon la phase de la vie, différentes mesures de politique de communication sont nécessaires.

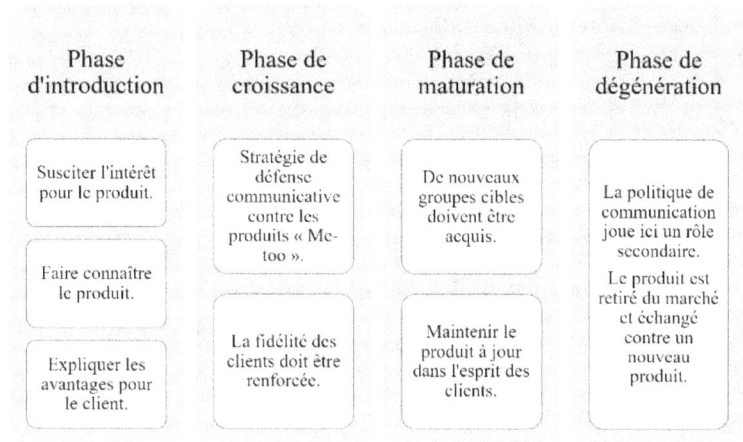

Figure 61 : Mesures de communication axées sur le cycle de vie du produit, illustration personnelle

2) L'orientation vers d'autres mesures de marketing

D'autres mesures de marketing offrent d'autres possibilités d'alignement. La politique de communication peut soutenir les autres mesures, faire connaître et promouvoir leurs activités.

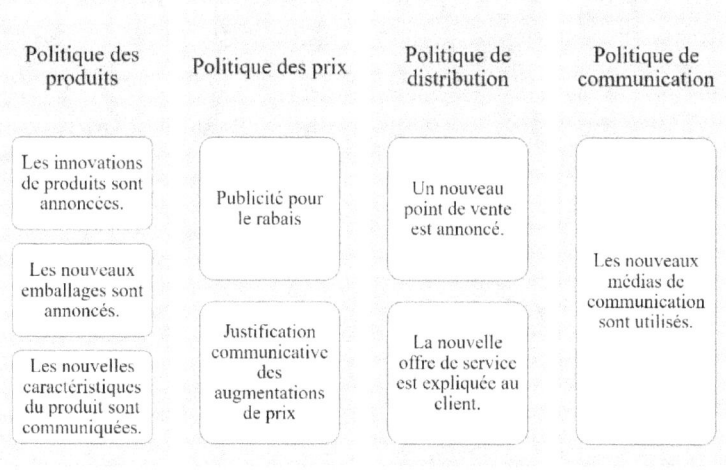

Figure 62 : Orientation des mesures de communication vers le marketing mix, illustration personnelle

3) Orientation vers les défis actuels

La dernière possibilité présentée dans le livre concerne la communication lors de situations particulières ou de défis difficiles. Une entreprise peut avoir besoin de réagir rapidement aux actions de ses concurrents. En outre, un client peut publier sur Internet une évaluation de produit médiocre, à laquelle il faut réagir immédiatement. En cas de scandales qui touchent l'entreprise, celle-ci devra prendre position.

Tous ces facteurs sont des événements qui exigent une réaction rapide du service marketing. La politique de communication a pour mission d'agir rapidement, y compris dans les médias sociaux.

Après l'introduction à la politique de communication, la question se pose maintenant de savoir quelles activités de marketing peuvent être utilisées dans le cadre de l'activité opérationnelle de la politique de communication. Les activités de communication se distinguent par leur visibilité. Certaines mesures de la politique de communication sont perceptibles pour chaque client, d'autres sont très subtiles et peu perceptibles. Cette distinction conduit à la division en mesures " Above-the-line " et " Below-the-line " (Esch F.-R., 2012) & (Schweiger & Schrattenecker, 2009).

Mesures « Above-the-Line »

Les mesures "Above-the-line" sont des activités de communication qui sont reconnaissables par chaque client. Ce sont les formes classiques de publicité dans les médias et de relations publiques. La publicité sert à diffuser l'information. Parmi les mesures en question, on peut citer (Scharf & et al., 2012) :

<u>Publicité classique :</u> Divers moyens de communication de masse sont utilisés. Ces médias sont généralement impersonnels et comprennent des annonces dans les journaux, des spots publicitaires à la télévision, des affiches, etc.

<u>La publicité directe :</u> Elle vise à s'adresser au groupe cible de manière personnelle et directe. Des segments sont formés qui présentent des caractéristiques similaires et peuvent être abordés avec la même publicité.

<u>Publicité en ligne :</u> Les consommateurs utilisent de plus en plus Internet, ce qui entraîne également de nouvelles formes de publicité (par exemple, le marketing des médias sociaux). La publicité en ligne présente des caractéristiques particulières : elle dispose d'une option de feedback direct (communication en temps réel), d'une publicité ciblée, d'un ciblage global et d'un meilleur contrôle.

<u>Relations publiques :</u> Des réactions positives à l'égard de l'entreprise doivent être déclenchées dans le groupe cible. L'accent est mis sur l'entreprise dans son ensemble et non sur ses produits.

Le travail de relations publiques permet de transmettre aux parties intéressées des informations sur les activités de l'entreprise. Les mesures sont ici : activités de fondation, attribution de contrats de recherche, projets de durabilité, événements, projets caritatifs, etc.

Marketing interne : Le marketing interne est également connu sous le nom de communication interne d'entreprise. On essaie d'avoir une influence positive (motivation) sur les propres employés. Les employés sont promus comme porte-parole de l'entreprise car le client est généralement le premier point de contact avec les employés de l'entreprise : lorsque l'employé est roi, le client l'est aussi automatiquement. Cette culture d'entreprise et d'employés fait partie de l'identité d'entreprise (Corporate Identity, CI). Le CI se compose de : la communication d'entreprise (relations publiques), le design d'entreprise (apparence) et le comportement d'entreprise (culture d'entreprise).

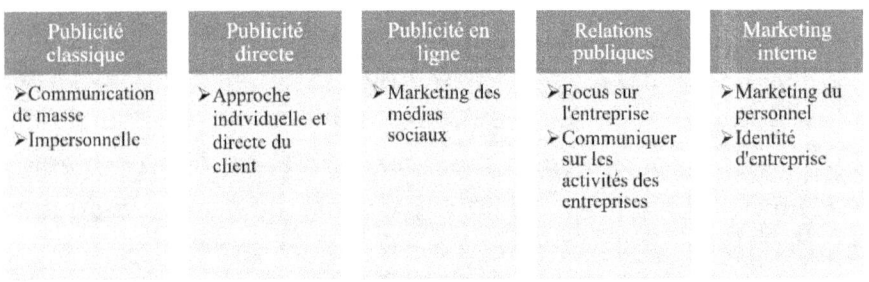

Figure 63: Mesures « Above-the-Line », illustration personnelle

Mesures « Below-the-Line »

Les mesures « Below-the-line » sont subtiles et généralement non perceptibles. La publicité elle-même et le message publicitaire passent au second plan. L'effet publicitaire est implicite. Ces mesures comprennent : (Scharf & et al., 2012)

Promotion des ventes : La publicité classique doit être soutenue par des mesures de promotion des ventes. Il s'agit généralement d'actions limitées dans le temps qui créent des incitations supplémentaires à l'achat. En voici quelques exemples : des tirages au sort, des dégustations, des cadeaux promotionnels, etc.

Placement de produit : Placement ciblé d'un produit ou d'un logo dans une publicité. Il est souvent utilisé dans les films ou les vidéos.

Parrainage : Une personne ou une organisation est soutenue. Cette personne doit permettre de mieux faire connaître l'entreprise ou le produit. En combinaison avec le marketing des médias sociaux, le marketing des influenceurs est créé. Les clients associent le produit de manière positive au publicitaire. Toutefois, ce lien peut également avoir un impact négatif sur la société en cas de scandale.

Marketing événementiel : Conception d'un événement dans lequel le sport ou une autre activité est au premier plan.

L'événement est accessible et peut être vécu par les clients, comme par exemple Red Bull Evénements.

Marketing de recommandation : Les clients recommandent les produits de l'entreprise à leurs connaissances ou amis. Des mesures d'incitation peuvent être créées, par exemple des campagnes de recrutement d'amis. Avec l'aide du marketing numérique, ces recommandations peuvent également être mises en œuvre sur internet ou via les médias sociaux.

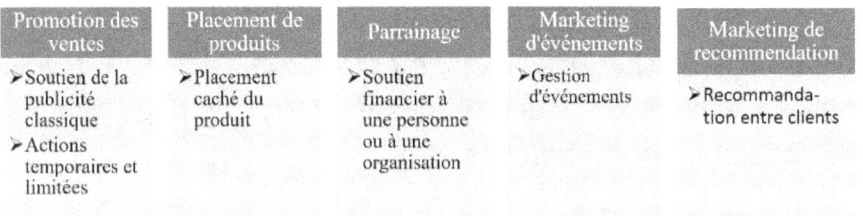

Figure 64: Mesures « Below-the-Line », illustration personnelle

Résumé de la politique de communication : Enfin, après les mesures présentées, la question se pose de savoir de quels critères dépend le choix des mesures appropriées : (Scharf & et al., 2012)
- Quels sont les coûts ?
- Quel est l'objectif de la communication ?
- Quelle doit être la taille du groupe cible ?
- Quelle est la portée des médias ?
- Combien de temps la publicité doit-elle être utilisée ?
- Dans quelle mesure la publicité est-elle individualisable ?
- Quelles sont les possibilités de conception ?
- Quelle plate-forme médiatique correspond à quel groupe cible ?

La politique de communication, en particulier, montre une fois de plus clairement que toutes les mesures de marketing sont liées entre elles. La politique de communication peut à la fois s'orienter vers les autres activités de marketing et les soutenir. La politique de communication doit être utilisée de manière très sensible, car elle touche un grand nombre de personnes en peu de temps via les médias. Il est donc d'autant plus important de réfléchir fondamentalement à l'avance afin d'éviter les erreurs :

- Quelle est la mission de l'entreprise ?
- Quelle est la stratégie de l'entreprise ?
- Qu'a montré l'analyse de l'environnement actuel ?
- Comment la publicité doit-elle être conçue ?

Le plan de marketing montre ici ses atouts en soulignant à plusieurs reprises ces interrelations. Il ne faut pas trop se concentrer sur le marketing des médias sociaux :

Ce n'est qu'une partie de la politique de communication, et la politique de communication à son tour n'est qu'une petite partie du marketing. Si le spécialiste du marketing ne s'intéresse qu'au marketing en ligne, il néglige environ 90 à 95 % des bases du marketing. Le marketing doit être considéré de manière générale.

En outre, une grande partie de la population n'est pas prise en compte ou n'est pas traitée correctement dans le marketing des médias sociaux. Les annonces imprimées classiques peuvent encore être intéressantes si le groupe cible utilise toujours ce média.

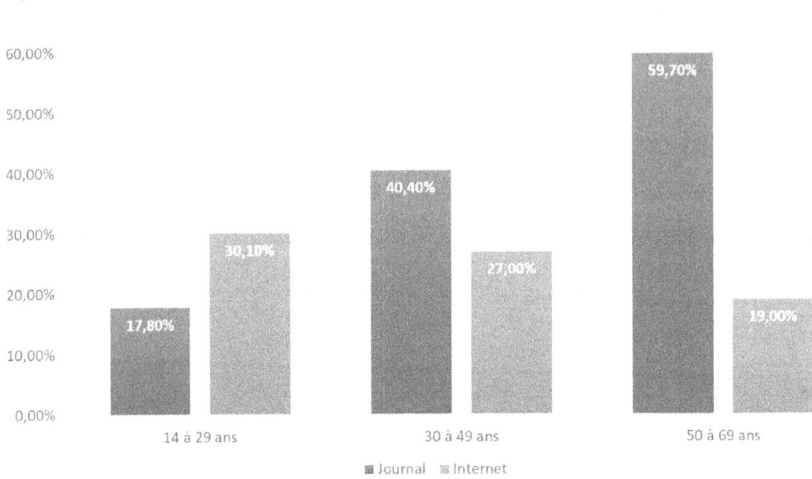

Figure 65 : La presse écrite est toujours pertinente
illustration personnelle, source : (IfD Allensbach, 2012)

Le marketing des médias sociaux et la publicité sur Internet ne sont pas toujours les meilleurs moyens d'atteindre votre groupe cible. Vous devez plutôt réfléchir soigneusement au groupe cible que vous souhaitez aborder et au sujet à transmettre, car certaines tranches d'âge sont plus difficiles à atteindre par les médias sociaux. Pour certains sujets, il y a peu de recherche sur Internet (par exemple les voitures anciennes, l'architecture ou le droit fiscal) (Allensbach, 2019). La question est également de savoir si l'utilisation des médias est toujours liée à l'âge ou si le comportement d'utilisation change et devient plus numérique. Le groupe cible plus jeune lira-t-il plus de journaux à l'avenir ou restera-t-il numérique ?

Conclusion des mesures de commercialisation : Il est peut-être déjà possible d'identifier certaines tendances dans les mesures de commercialisation : la politique de communication devient de plus en plus importante en raison des réseaux sociaux numériques, tandis que la politique de distribution devient de moins en moins importante en raison de la vente par correspondance et des boutiques en ligne. La politique des prix perd de son efficacité en raison de la forte transparence des prix et de la simplicité des comparaisons de prix sur Internet car les produits peuvent être fabriqués et achetés dans le monde entier avec une facilité croissante.

La phase de contrôle

La dernière phase du plan marketing est très individuelle pour l'entreprise et n'est donc que brièvement présentée dans ce livre. Chaque entreprise fixe des objectifs différents dans la phase de stratégie. Celles-ci peuvent être très différentes. Dans de nombreuses entreprises, le service de contrôle prend en charge le contrôle des chiffres clés définis au préalable, dont certains ont déjà été présentés dans le livre.

En particulier dans les activités de marketing, les chiffres clés peuvent être définis puis contrôlés :

Politique des produits : Réalisation de tests de produits, mise en œuvre d'évaluations à partir d'Internet, réalisation d'enquêtes auprès des clients, etc. ;

Politique des prix : Quels sont les chiffres de vente ? Comment la demande se comporte-t-elle lorsque les prix changent ? Où se situe le prix moyen du marché ? Comment les coûts ont-ils évolué ?

Politique de distribution : Le service de livraison a été traité en détail. Il est très bien adapté au contrôle des données quantitatives. La livraison est-elle arrivée à temps ? Combien de retours y a-t-il ?

Politique de communication : la politique de communication offre beaucoup plus de possibilités de contrôler l'effet de la publicité.

Cette analyse de l'impact publicitaire porte sur deux domaines différents : d'une part, la question de la réussite économique, par exemple une augmentation des ventes, et d'autre part la question de la réussite psychologique, par exemple une amélioration de l'image.

Les possibilités concrètes de marketing pour contrôler le succès d'une campagne publicitaire sont : (Scharf & et al., 2012)

- Tests de mémoire : La publicité et le message publicitaire sont-ils encore mémorisés après un certain temps ?
- Tests d'identification : A l'aide de tests d'écart ou de questions spécifiques sur l'annonce, il convient de demander quelles parties de l'annonce sont reconnues et quelles parties sont oubliées ;
- Les codes de réduction peuvent être utilisés pour vérifier si la campagne de réduction a été un succès ;
- Les outils de médias sociaux, par exemple Google Analytics, aident à évaluer les mesures de marketing en ligne.

En matière de contrôle, les tâches peuvent également être divisées en tâches opérationnelles et stratégiques. Cette subdivision est également liée aux différentes tâches que le contrôle de la commercialisation doit remplir : (Große, Platte, Schiek, Ziehe, & Zwerschke, 2010)

Opérationnel	Stratégique
Analyse des ventes	Assurer l'existence
Analyse des coûts	Analyse du développement
Analyse des profits	Positionnement sur le marché
Analyse des objectifs et des performances	Détermination de la position sur le marché
Analyse des chiffres clés	Structure du programme
Contrôle budgétaire	Planification de nouveaux produits
Prévisions annuelles pour les divisions et les départements	Portefeuille de produits-marché
Recommandations pour l'analyse des écarts	Audit de marketing
Mesure de l'efficacité	Analyse de l'environnement

Figure 66 : Tâches de contrôle du marketing, illustration personnelle, source : cf. (Weis, 2003, p. 183)

Certaines tâches et certains objectifs du marketing dépendent directement les uns des autres, voire s'excluent mutuellement. Le contrôle du marketing ne doit pas seulement contrôler le service marketing, mais aussi le soutenir activement. En contrôlant les objectifs et les résultats, il reconnaît plus tôt les processus et les tendances et peut donner des impulsions importantes pour les stratégies de marketing. Les données et informations quantitatives et qualitatives du service de contrôle peuvent également être utilisées pour la phase d'analyse du plan de marketing. Le marketing doit donc à nouveau être considéré de manière globale : c'est un service qui doit coopérer avec de nombreux autres services. Il ne peut être considéré séparément ou de manière autonome. Le marketing, avec les autres départements, peut apporter une contribution importante au succès de l'entreprise.

Les base du marketing : résumé

Le marketing est l'échange, la communication, le développement et la distribution d'offres précieuses à des segments sélectionnés dont profitent les deux parties du commerce. Les clients peuvent satisfaire leurs besoins et l'entreprise peut réaliser des bénéfices. Cette relation entre le client et l'entreprise s'établit lorsque les bénéfices dépassent les coûts pour les deux parties. Chaque partie dépend donc l'une de l'autre, et les entreprises se focalisent sur les clients. L'avantage pour le client est souvent la proposition de valeur et la mission de l'entreprise.

Les clients considèrent les produits comme un ensemble de propriétés utiles et choisissent les produits qui offrent les meilleures combinaisons d'avantages. L'importance des biens et des services réside donc moins dans leur possession que dans les avantages que procurent les biens et les services. Le produit matériel n'est qu'un outil/instrument pour résoudre une tâche chez le client.

Mais : Les bons spécialistes du marketing reconnaissent qu'il est utile d'établir une expérience produit et une proposition de valeur au-delà des fonctions et des besoins de base du client. Ce n'est que de cette manière qu'une entreprise peut se positionner à long terme auprès du client et se différencier de la concurrence.

Les propriétés bénéfiques du produit et l'ensemble de l'entreprise en tant que solution de problèmes sont plus importantes que la représentation de l'entreprise en tant que simple fournisseur de produits.

L'évaluation du produit est toujours subjective, car la satisfaction perçue des besoins dépend des attentes du client. Les gens ont des besoins et des attentes très complexes.

Le plan marketing aide à décrire l'analyse, la planification, la mise en œuvre et le contrôle du marketing en tant que processus et vue d'ensemble structuré et à définir un plan directeur pour l'ensemble de l'entreprise, avec le concours de la direction. Le marketing n'est donc pas un département autonome. C'est un lien entre tous les services de l'entreprise.

J'espère que le livre et le contenu ont été à la hauteur de vos attentes. Si c'est le cas, j'aimerais une évaluation positive sur Amazon. En tant qu'écrivain indépendant sans éditeur, je suis particulièrement dépendant de cette aide.

Si vous avez d'autres questions, vous pouvez également me contacter via mon site web. Si mon éventuel programme de master ne me met pas trop à l'épreuve, je serais heureux de vous aider. En attendant, je suis sûr que beaucoup de choses se seront passées sur YouTube et les médias sociaux, de sorte que vous pourrez toujours y trouver les dernières informations.

Je vous souhaite beaucoup de succès !

M. Mittelstaedt

Bibliographie

Aaker, D. A. (1996). Building Strong Brands. New York: The Free Press.

Aaker, D., Batra, R., & Myers, J. (1992). Advertising Management. Englewood Cliffs: Prentice Hall.

Aaker, J. L. (2001). Dimensionen der Markenpersönlichkeit. Wiesbaden: Gabler.

Ahlert, D. (1996). Distributionspolitik. Das Management des Absatzkanals. Stuttgart: UTB.

Allensbach, I. (14. 11 2019). Internetnutzer in Deutschland nach Themen, über die sich im Internet informiert wird, im Jahr 2019. Von Statista.com: https://de.statista.com/statistik/daten/studie/940684/umfrage/umfrage-unter-internetnutzern-zu-informationssuche-im-internet-nach-themen/ abgerufen

Allison, R. J., & Uhl, K. P. (1964). Influence of beer brand identification on taste perception. Journal of Marketing Research, 36-39.

Ansoff, H. (1965). Checklist for Competitive and Competence Profiles; Corporate Strategy. New York: McGraw-Hill.

Baumgarth, C. (2014). Markenpolitik: Markentheorien, Markenwirkungen, Markenführung, Markencontrolling, Markenkontexte. Wiesbaden: Springer.

Becker, J. (2009). Marketing-Konzeption: Grundlagen des strategischen Marketing-Managements. München: Vahlen.

Bionade. (09. 10 2019). bionade.de. Von bionade.de: https://www.bionade.de/geschichte/ abgerufen

Broda, S. (2005). Marekting-Praxis - Ziele, Strategien, Instrumentarien. Wiesbaden: Gabler.

Bruhn, M. (1990). Marketing, Sonderausgabe. Wiesbaden: Gabler.

Bruhn, M. (2012). Marketing. Grundlagen für Studium und Praxis. Wiesbaden: Springer.

Burmann, C., Meffert, H., & Koers, M. (2005). Markenmanagement. Identitätsorientierte Markenführung und praktische Umsetzung. München: Springer.

Chaudhuri, A., & Holbrook, M. B. (2001). The Chain of Effects from Brand Trust and Brand Affect to Brand Performance: The Role of Brand Loyality. Journal of Marketing, 81-93.

Christensen, C. (2003). The Innovator's Solution: Creating and Sustaining Successful Growth. Boston: Harvard Business Review Press.

Copeland, M. (1923). Relation of Consumers Buying Habits to Marketing Methods. Boston: Harvard Business Review.

de Chernatony, L., & McDonald, M. (1998). Creating Powerful Brands in Consumer, Service and Industrial Markets. Oxford (UK): Butterworth-Heinemann.

Diller, H. (2003). Aufgabenfelder, Ziele und Entwicklungstrends der Preispolitik. Wiesbaden: Kohlhammer.

Diller, H. (2008). Preispolitik. Wiesbaden: Kohlhammer.

Esch, F. (2012). Strategie und Technik der Markenführung. München: Vahlen.

Esch, F. R. (2003). Strategie und Technik der Markenführung. München: Vahlen.

Esch, F., Hermann, A., & Sattler, H. (2011). Marketing Eine

managementorientierte Einführung. München: Vahlen.

Essity Germany GmbH. (13. 11 2019). tempo-world.com. Von www.tempo-world.com/de-de/produkte/ abgerufen

Felser, G. (2015). Werbe- und Konsumentenpsychologie. Berlin: Springer.

Freter, H. (2003). Marktsegmentierungsmerkmale. München: Vahlens.

Große, J., Platte, S., Schiek, T., Ziehe, S., & Zwerschke, A. (2010). Marketing-Handbuch. Wernigerode: HS Harz.

Grunwald, G., & Schwill, J. (2019). Toolbox Marketing. Stuttgart: Schäffer-Poeschel.

Gutenberg, E. (1984). Grundlagen der Betriebswirtschaftslehre. Berlin: Springer.

Hartmann, O., & Haupt, S. (2016). Touch! Der Haptik-Effekt im multisensorischen Marketing. Freiburg: Haufe.

Häusel, H.-G. (2007). Neuromarketing. Erkenntnisse der Hirnforschung für Markenführung, Werbung und Verkauf. Planegg: Haufe.

Häusel, H.-G. (2014). Neuromarketing. Freiburg: Haufe.

Henderson, B. (01. Januar 1970). BCG.com. Von The product Portfolio: https://www.bcg.com/de-de/publications/1970/strategy-the-product-portfolio.aspx abgerufen

Henkel AG & Co. KGaA. (14. 10 2019). Von henkel.de: https://www.henkel.de/marken-und-unternehmensbereiche/laundry-and-home-care abgerufen

Henkel AG & Co. KGaA. (10. 11 2019). Von

https://www.henkel.de:
https://www.henkel.de/marken-und-unternehmensbereiche abgerufen

Homburg, C. (2012). Grundlagen des Marketingmanagements. Einführung in Strategie, Instrumente, Umsetzung und Unternehmensführung. Wiesbaden: Springer.

Homburg, C. (2012). Marketingmanagement: Strategie - Instrumente - Umsetzung - Unternehmensführung. Wiesbaden: Springer.

IfD Allensbach. (Oktober 2012). statista.com. Von https://de.statista.com/statistics/245141/zeitung-und-internet-als-informationsmedien-nach-altersgruppen/ abgerufen

Kantar Millward Brown. (14. 10 2019). Horizont (abgerufen von Statista). Von https://www.horizont.net/marketing/nachrichten/brand-z-ranking-amazon-ist-erstmals-die-wertvollste-marke-der-welt-175376 abgerufen

Kotler, P., Armstrong, G., Saunders, J., & Wong, V. (2007). Grundlagen des Marketing. München: Pearson.

Kotler, P., Berger, R., & Rickhoff, N. (2010). The Quintessence of Strategic Management. Berlin: Springer.

Kroeber-Riel, W. (2003). Konsumentenverhalten. München: Vahlen.

Kroeber-Riel, W., & Esch, F. (2015). Strategie und Technik der Werbung. Verhaltens- und neurowissenschaftliche Erkenntnisse. Stuttgart: Kohlhammer.

Lamprecht, H. (2009). Die Lead-User-Methode in der Produktinnovation. Saarbrücken: VDM.

Langner, T. (2002). Integriertes Branding: Baupläne zur Gestaltung erfolgreicher Marken. Wiesbaden: Gabler.

Locke, E., & Latham, G. (01. 04 1991). A Theory of Goal Setting & Task Performance . The Academy of Management Review.

McCarthy, E. (1960). Basic Marketing. A Managerial Approach. Illinois: Richard D. Irwin Inc.

McClure, S. M. (2004). Neural correlates of behavioral preference for culturally familiar drinks. Neuron, 379-387.

Meer, D. (1995). System Beaters, Brand Loyals, and Deal Shoppers: New Insights into the Role of Brand and Price. Journal of Advertising Research, RC2-RC7.

Meffert, H., Burmann, C., & Kirchgeorg, M. (2012). Marketing. Grundlagen marktorientierter Unternehmensführung. Wiesbaden: Springer.

Meffert, H., Burmann, C., & Koers, M. (2005). Markenmanagement: Identitätsorientierte Markenführung und praktische Umsetzung. Wiesbaden: Gabler.

Mittelstaedt, M. (2019). Marketing einfach erklärt. Wernigerode: Independently published.

Mittelstaedt, M. (2019b). Markenführung einfach erklärt. Wernigerode: Independently Published.

Müller, T., & Schroiff, H. (2013). Warum Produkte floppen: Die 10 Todsünden des Marketings. Haufe.

Nielsen. (August 2009). Beliebte Durstlöscher- Anteile am deutschen Getränkemarkt. Spiegel (abgerufen von Statista), S. 79.

Nielsen. (2019). Marktanteil von Eigenmarken am Gesamtumsatz im Lebensmitteleinzelhandel. Lebensmittel Zeitung Ausgabe 19 (abgerufen von

Statista), 52.

Pechtl, H. (2005). Preispolitik. Stuttgart: UTB.

Pfohl, H.-C. (2018). Logistiksysteme. Betriebswirtschaftliche Grundlagen. Berlin: Springer.

Porter, M. (1980). Competitive Strategy: Techniques for analyzing industries and competitors: with a new introduction. New York: Free Press.

Porter, M. (2008). Wettbewerbsstrategie: Methoden zur Analyse von Branchen und Konkurrenten. Frankfurt: Campus.

RedBull. (14. 10 2019). redbull.com. Von redbull.com: https://www.redbull.com/de-de/energydrink/red-bull-unternehmen abgerufen

Schaper, T. (2017). Preismanagement. Einführung in Theorie und Praxis. Göttingen: Duncker & Humblot.

Scharf, A., Schubert, B., & Hehn, P. (2012). Marketing Einführung in Theorie und Praxis. Stuttgart: Schäffer-Poeschel.

Scheier, C., Bayas-Linke, D., & Schneider, J. (2011). Codes. Die geheime Sprache der Produkte. Freiburg: Haufe.

Schweiger, G., & Schrattenecker, G. (2009). Werbung. Stuttgart: UTB.

Schwill, J. (2009). Produkt- und Programmpolitik. Freiburg: Haufe.

Shimizu, K. (1989). Advertising Theory and Strategies. Tokyo: Souseisha Book Company.

Simon, H., & Fassnacht, M. (2009). Preismanagement. Strategie - Analyse - Entscheidung - Umsetzung. Wiesbaden: Springer.

Specht, G., & Fritz, W. (2005). Distributionsmanagement. Stuttgart: Kohlhammer.

Stiftung Warentest . (2015). Zahlenspiegel 2015. HDE (Abgerufen von Statista), 45.

Treis, B. (2003). Handelsfunktionen. München: Vahlen.

Trommsdorff, V. (1992). Multivariate Imageforschung und strategische Marketingplanung. München: Beck.

Vernon, R. (Mai 1966). International Investment and International Trade in the Product Cycle. Quarterly Journal of Economics, S. 190-207.

Weis, H. C. (1999). Kompakt-Training Marketing. Ludwigshafen: Friedrich Kiehl.

Weis, H. C. (2003). Kompakt-Training. Ludwigshafen: Friedrich Kiehl.

Wilms, F. (2006). Szenariotechnik. Vom Umgang mit der Zukunft. Bern: Haupt.

À propos de l'auteur

Après avoir terminé avec succès un apprentissage dans le commerce, j'étudie la psychologie des affaires et le marketing à l'Université du Harz depuis 2016. Depuis lors, j'ai réalisé à quel point la psychologie des affaires est liée au marketing. Appliquer les connaissances acquises dans les cours directement à un sujet pratique me plaît beaucoup. Depuis 2018, je dirige une chaîne YouTube sur la psychologie des affaires et le marketing.

En Allemagne, Max Mittelstaedt est déjà un scénariste réputé dans le domaine du marketing et de la psychologie des affaires avec sa chaîne YouTube "Scientific Economics". Elle a déjà atteint plus de 40 000 spectateurs et il a publié avec succès plusieurs livres dans le domaine du marketing et de la psychologie des affaires. Son livre « Gestion du Marketing » se trouve en permanence dans le top 10, dans la catégorie marketing et gestion internationale.

Sur www.scientific-economics.com, vous trouverez de nombreuses informations complémentaires sur divers sujets, notamment la psychologie des affaires (en langue allemande).

©2019 Max Mittelstaedt
ISBN : 9798634501932 (publié indépendamment)
Conception de la couverture, illustration : D. Mazmanyan,
Photo : ©goolliver25 (Adobe Stock)
L'œuvre, y compris ses parties, est protégée par le droit d'auteur. Toute utilisation est interdite sans le consentement de l'auteur. Cela s'applique en particulier à la reproduction, à la traduction, à la distribution et à l'accès du public par voie électronique ou autre.

Vue d'ensemble

Analyse de situation

Analyse de la situation concurrentielle (externe et interne)

Méthodes de la phase d'analyse :

Analyse SWOT	L'environnement externe de l'entreprise	Le modèle des 5 forces	Le cycle de vie des produits	La matrice BCG	Matrice de portefeuille à 9 domaines

Phase de planification

Développer la mission et la vision (Pourquoi ?)

Formuler les objectifs de marketing (Quoi ?)

Aligner les stratégies de marketing sur la mission et les objectifs (Comment ?)

Stratégie de marché sur le terrain	Positionnement	Segmentation et ciblage	Stratégie de concurrence

Gestion de la marque : processus, stratégies et systèmes de marque

Phase de mise en œuvre

Phase tactique : que faire ?

Mesures de marketing (4 P)

Politique des produits : conception d'assortiments et de produits	La politique des prix : tarification, différenciation des prix & conditions de prix	Politique de distribution : acquisition et distribution physique	Politique de communication : mesures «Above-the-line» et «Below-the-line»

La phase de contrôle
Contrôle de la réalisation des objectifs & des tâches
Contrôle du marketing

J'essaie constamment d'améliorer le livre.
Avec une critique sur Amazon, vous m'aideriez.